Lily Grynstock
Petra Schmidt und Vera Morgenbesser

Süßes Wien

Cafés, Konditoreien, Confiserien und mehr

UMSCHAU

Inhalt

LESCHANZ
EDEL-VOLLMILCH
% 38,5 %
SCHOKOLADE
WIENER
SCHOKOLADEN
MANUFAKTUR
EDEL-VOLLMILCHSCHOKOLADE
LESCHANZ
EDEL-BITTER
64
SCHOKOLADE
SCHOKOLADEN
MANUFAKTUR
HASELNÜSSE UND
HASELNUSSNOUGAT
IN DER
SCHOKOLADE
LESCHANZ
EDEL-BITTER
% 64 %
SCHOKOLADE
WIENER
SCHOKOLADEN
MANUFAKTUR

Wien

Wiener Bezirke

1 InnereStadt
2 Leopoldstadt
3 Landstraße
4 Wieden
5 Margareten
6 Mariahilf
7 Neubau
8 Josefstadt
9 Alsergrund
10 Favoriten
11 Simmering
12 Meidling
13 Hietzing
14 Penzing
15 Rudolfsheim-Fünfhaus
16 Ottakring
17 Hernals
18 Währing
19 Döbling
20 Brigittenau
21 Floridsdorf
22 Donaustadt
23 Liesing

Mitte

Die Zahlen 54 sind identisch mit den Seitenzahlen der einzelnen Betriebe in diesem Buch und bezeichnen ihre Lage in Wien.

Café Griensteidl am Michaelerplatz

I. Stadt.
Herren-
Gasse.

SchokoLadenWerkstatt in der Ballgasse

vorwort

Wien ist dort, wo man sich an Süßem satt essen darf. Der sehr alten kulinarischen Eigenart wegen, Mehlspeisen auch als Hauptgericht zu servieren, gilt die Donaumetropole seit langem als „Hauptstadt der Süßspeisen". Wie an den in diesem Buch vorgestellten Betrieben zu sehen ist, wird es diesem Ruf bis heute gerecht. Ob Kaiserschmarrn, Obst- oder Milchrahmstrudel, Buchteln oder Palatschinken, Süßes spielt auf den Tischen und Tafeln zwischen Döbling und Simmering gerne die erste Geige.

An Naschereien zum „Drüberstreuen" mangelt es deswegen aber noch lange nicht. Torten und Kuchen, Kekse und Pralinen, Zuckerln und Schokoladenspezialitäten verlocken fast an jeder Ecke.

Neben den traditionsreichen Zuckerbäckereien, viele davon ehemals kaiserlich-königliche Hoflieferanten, sind auch die innovativen Naschwerk-Stätten vertreten, die diese sorgfältig gepflegten Überlieferungen um neue Ideen bereichern und die gastronomische Kultur der „Mehlspeismetropole" innovativ ins 21. Jahrhundert führen. Vielleicht, um damit Traditionen für die künftigen Jahrhunderte zu schaffen?

Sei es eine Konditorei oder Patisserie, sei es ein Bäcker oder Mehlspeiskoch, seien es Kaffeehäuser, Röster oder Bonbongeschäfte, eines haben die meisten Betriebe miteinander gemein – irgendeinen Bezug zu mindestens einer der Schönen Künste. In einem mag der Chef selbst Musiker sein, im anderen ein Maler auf dem Weg zu Weltruhm mangels Barem in Naturalien bezahlt haben, ein Lokal führt vielleicht ein geheimes zweites Leben als Tanzhaus, oder es verköstigt Schauspielerinnen und Sänger der nahe gelegenen Musicalbühne, Architekten mögen aufsehenerregend gestaltet haben, DJs für den Ohrenschmaus sorgen, Küchenkrimis in den Regalen neben Zuckerstreuern und Backblechen auf gruselfreudige Leckermäuler warten.

Meistens sind es mehrere Bezüge, weswegen die Zuordnung manchmal ziemlich schwierig war, denn die Klammer für die Betriebe bilden hier ausnahmsweise nicht gastronomische Kriterien, sondern die Schönen Künste. Daraus ergibt sich ein sehr abwechslungsreiches Bild des „Süßen Wiens" und ein frischer, ungewöhnlicher Blick auf die Szene. Neue Verwandtschaften einzelner Unternehmen zueinander können entdeckt werden. Die Spurensuche nach den „süßen Artefakten" könnte für den Leser und die Leserin zu einer sehr unterhaltsamen und genussreichen Erforschung bislang noch unentdeckter Reize der Stadt führen.

Da lag es nahe, in kurzen, einleitenden Kapiteln der umgekehrten Frage nachzugehen, ob denn auch Wiener Künstler oder Kunstwerke, die in Wien anzutreffen sind, von Süßem inspiriert wurden? Man muss schon ein wenig graben, um einige dieser Inspirationsquellen zu entdecken, aber es macht Spaß, ihnen nachzujagen und eine Delikatesse, die schon einer der ganz Großen dieser Stadt schätzte oder gar verewigte, wird ihr dadurch vielleicht ein interessantes neues Aroma verleihen.

Zahlreiche Rezepte animieren zum Ausprobieren am heimischen Herd und sind von den Wiener Meistern jenen Leckermäulchen aus Nah und Fern gewidmet, die sich an Süßem einfach nicht satt essen können.

Süße Inspirationen in der Wiener Bildenden Kunst

„Freitag. Zehre noch immer an den Bromb. Buss. Sie sind noch gut ..." (Gustav Klimt)

Die Weissagungen der Gelehrten sind trüb für das Fest zur Silberhochzeit des Kaiserpaares. Drei Tage zuvor hatte es in Wien unaufhörlich geregnet und eine Wetterbesserung sei für diesen 24. April 1879 nicht zu erwarten, prophezeiten die Meteorologen. Doch als Kaiserin Elisabeth die schwarze Atlasschleife um die Taille der chamoisfarbenen Robe schnürte und Kaiser Franz Josef die Schärpe über die Schulter legte, als die Lebzelter und Zuckerwattedreher im Gebälk der Tribünen entlang der Ringstraße ihre Läden aufsperrten, da war der Himmel blau und die Sonne strahlte.

Zum Glockengeläut und den Klängen der Musikkapellen paradierte symbolisch das ganze Volk in einem grandiosen Festzug vor das von Otto Wagner gestaltete kaiserliche Zelt. Auf opulenten Festwagen zeigten Handel und Gewerbe, Künstler und Gesellschaften, was das Reich an ihnen hatte. Den der Zuckerbäcker zogen vier Schimmel im Prunkgeschirr, begleitet von Lakaien, die kunstvoll verzierte Torten trugen. Wie eine überdimensionale Krone prangte ganz oben ein goldener Guglhupf, von elfengleichen Wesen in fließenden Gewändern umgeben. Hanns Markart, der künstlerische Leiter dieses Ereignisses, dankte für den Applaus hoch zu Ross mit einem Schwenken seines Rembrandthutes. Viele seiner Skizzen zu diesem Festzug sind noch erhalten, die Abteilung der Zuckerbäcker verewigte er sogar noch einmal in einem Ölgemälde. In vergleichbarer Weise wurde deren Delikatessen in Wien vermutlich nie zuvor oder danach gehuldigt.

Selbst im Kunsthistorischen Museum wird man nämlich bei der Spurensuche nach Naschwerk nicht leicht fündig. Die „Bauernhochzeit" von Pieter Brueghel d. Ä. um 1568 gemalt, schildert realitätsnah eine Hochzeitstafel, zu der gerade auf einer ausgehängten Tür Breispeisen getragen werden. Um welche Art von Brei es sich handelt, ist nicht überliefert, zu jener Zeit war aber Mandelmilch oft Grundlage für meist mit Honig gewürztes Mus. Etwa 90 Jahre später rückt Jacob Jordaens im „Fest des Bohnenkönigs" dann allerdings einen richtigen Kuchen ins

Zentrum des Geschehens. Er schildert den flämischen Brauch, wo eine in eine Torte eingebackene Bohne den Gast, der sie findet, zum „König" kürt. Die Nationalbibliothek birgt jedoch zahlreiche kulinarische Zeugnisse von Schleckereien, sei es in der mittelalterlichen Miniatur, im barocken Kräuterbuch oder in einem Fotodokument aus unseren Tagen.
Mag sein, dass der Guglhupf in Gustav Klimts Kunst keine allzu große Rolle spielte, in seinem Leben dafür umso mehr. In seinem Stammcafé genoss er ihn beinahe täglich zum Frühstück, wobei eine gehörige Portion Schlagobers nicht fehlen durfte. Das Heimweh kurierte er mit den Brombeerbusserln („Bromb. Buss."), die ihm seine Freundin Emilie Flöge auf eine Spanienreise mitgab. „Sie sind noch gut", schreibt er ihr, „und erwecken die angenehmsten Erinnerungen an den Sommer ...".
Dennoch müssen die „süßen" Inspirationen der Wiener Maler größer gewesen sein, als auf den ersten Blick erkennbar ist, bezahlten doch viele, wenn das Bargeld knapp war, diverse Kaffeehausrechnungen mit Skizzen oder sogar Bildern. Wer weiß schon zu sagen, wie sehr dabei der Duft von Buchteln und Vanillesoße die Garde um Ernst Fuchs oder Friedensreich Hundertwasser, um Kolo Moser oder Egon Schiele beflügelte?

Im 21. Jahrhundert küsst die süße Muse witzig und kritisch. Marianne Vlaschits etwa zeigt im comichaften Stil eine rosarote Punschkrapfenkompanie, während Gerhard Loidl „Smarties" in einer Computergrafik strukturiert und Michael Marcovici einen Milchshake Rollschuh laufen lässt. Nicole A. Schuerer, in England lebende Wienerin, taucht als Kakaomalerin gleich den ganzen Pinsel gerne in Schokolade. Eine zwei Meter hohe Skulptur ist das Ergebnis der Auseinandersetzung Christian Ludwig Attersees mit dem Alltagsgegenstand „Kaffeeschale". Dieses unverzichtbare Getränk war schon für Klimt ein Gradmesser des Wohlgefühls. Aus Paris schreibt er an Emilie kurz und bündig: „Café mit oder ohne lait ist jedenfalls ein ‚Gschlader'. Sonst geht's mir gut. Herzlichst Gustav."

„Bilder an der Leine“ – Kunst am Stephansplatz

Albertina-Museum

xocolat Innere Stadt

Das Entree ins kleine Reich der Sinnenfreude liegt in der Passage des Palais Ferstel, einem Prachtbau im Stil der Renaissance an der Freyung, einem der ältesten und auch interessantesten Plätze der Stadt. Die Erkenntnis „Schokolade macht glücklich" führte Ende der 1990er Jahre Ramona Mahr und ihren Mann Werner Meisinger nach Italien und Frankreich, denn „Österreich hatte damals den Reichtum des Kakaos noch nicht gekannt." Die beiden beschlossen, diesen offensichtlichen Mangel der österreichischen Genusskultur zu beheben und eröffneten ihr Schokoladenkontor am 15. Oktober 2001. Sie nahmen dabei viel Aufbauarbeit in Kauf, die sie mit dem „Chocolate Lovers Club" mit Begeisterung unterstützen. Mittlerweile sind Namen wie Bonnat, Butlers Irish, Amedei, Rovira, Cluizel, Begriffe wie die 100 %ige, Criollo-, Forastero- und Trinitariobohnen oder Plantagenschokolade auch in Wien in aller Munde. Ein guter Teil der Köstlichkeiten kann auch im Internetshop www.xocolat.at geordert werden. Dank der beiden Bahnbrecher nimmt man sie zu Wein und scheut sich nicht mehr, sich roten Pfeffer in Schokoperlen auf der Zunge zergehen zu lassen. Die erste Chocolaterie Österreichs brauchte für diese herrliche Welt einen entsprechenden Rahmen. „Ich wollte nichts Modisches, sondern Klassik. Ein altes Turiner Geschäft war dabei das Vorbild." Von der Ebene des Eingangs geht es an einer kleinen Galerie vorbei, hinunter zu den Schätzen der Meisterschmelzer, die, wie Werke einer Bibliothek, in dunkel schimmernden Holzregalen stehen. Auch in den exklusiven handkaschierten „Xocolat"-Verpackungen findet sich dieser zeitlose Stil wieder, sie können handverlesen befüllt werden – mit Konfekt von weiß bis schwarz in unzähligen Geschmacksrichtungen von Ingwer über roten Pfeffer, bis zu Calvados, Champagner-Trüffel und Balsamico-Karamell. Puristen werden im „Xocolat" zum Beispiel mit der Auswahl an Kakaobohnen, pur oder mit Zimt, karamellisiert, mit Chili oder Ingwer, glücklich. Progressive wahrscheinlich mit Schokolade Grüner Tee und Rote Bohnen, Experimentierfreudige mit der Maison Pralus Pyramide aus kleinen Tafeln verschiedener Plantagen, konservative Gemüter finden sich vielleicht mit Mandelnougat, Tarte au Chocolat, den Fondues Chocolat von Mazet oder mit einer der echten Trinkschokoladen bestätigt. Eines aber haben alle Waren des Schokoladenkontors gemeinsam – allerhöchste Qualität. Durch die Initiative und die Hartnäckigkeit Ramona Mahrs auch bei den kleinen, feinen Produzenten, die damals noch nicht exportierten, kann man heute jedoch beinahe alle Spezialitäten der obersten Kategorie, die es auf dem Weltmarkt gibt, in Wien kaufen. Ihre Vorreiterrolle werden die beiden mit neuen Projekten fortsetzen. Zum einen sind Dependancen in anderen österreichischen Städten geplant, zum anderen arbeiten die beiden Gourmets an der Produktion hauseigener Köstlichkeiten. Um die Inspirationen dazu braucht man sich keine Sorgen zu machen. Und man wird mit einem berühmten Vertreter des Wiener Phantastischen Realismus zusammen an deren optischer Umsetzung arbeiten: Peter Sengl wird malen, wie bunt die köstliche Welt der schwarzbraunen Schokolade auch sein kann. Wie viel Leben in ihr steckt. Wie viel Glück.

Xocolat / Schokoladenkontor
im Palais Ferstel
Freyung 2
A-1010 Wien
Telefon 00 43 (0) 1 / 5 35 43 63
Telefax 00 43 (0) 1 / 5 35 22 52 20
www.xocolat.at

Wiener Schokoladekönig Innere Stadt

Edel wie seine Residenz im ersten Bezirk ist auch sein Ursprung, denn aus einem Traum wurde er geboren, der „Schokoladekönig". Zehn Jahre lang betrieb Wolfgang Leschanz bereits die „Wiener Schokoladen Manufaktur" in der Mollardgasse, die mit handgemachtem Konfekt und exklusiven Torten Wiener Spitzenadressen, wie das Bundeskanzleramt, die Österreichische Nationalbank, Meinl am Graben, Pharmafirmen, Edelconfiserien und die ersten Hotels der Stadt, belieferte. 2004 konnte er sich an die Verwirklichung eines lang gehegten Wunschtraums machen: „Ich wollte nicht irgendeines, ich wollte das schönste Schokoladengeschäft in Wien. Mit diesem Touch von Geschichte und echter Atmosphäre im authentischen Ambiente Altwiener Tradition." Die Produkte der Manufaktur brauchten einen eigenen Point of Sale in bester Innenstadtlage. Doch es war nicht leicht, das passende Lokal dafür zu finden. Lange suchte er, bis er durch Zufall eines Tages auf die Anzeige des „Knopfkönigs" stieß, der nach einem Nachfolger für das traditionsreiche Geschäft mit original erhaltener Einrichtung Ausschau hielt. Diese Wiener Institution wurde 1844 in der Freisingergasse, gleich hinter der Peterskirche gegründet, und stattete ehedem selbst des Kaisers Kleider mit Knöpfen aus. Der goldene Doppeladler, das Signum der Hoflieferanten, prangt nach wie vor über der Tür im Geschäft, denn Wolfgang Leschanz hat Sinn für Antiquitäten und kaufte zum Glück die Einrichtung gleich mit. Er ließ sie unverändert, abgesehen von Glasaufbauten auf den Verkaufstischen, die aus hygienischen Gründen für Confiserien vorgeschrieben sind. Selbst Knöpfe werden immer noch angeboten, heutzutage sind sie allerdings vorzugsweise aus Schokolade in den Geschmacksrichtungen Edelbitter, Edelvollmilch oder Edelweiß. Von besonders schönen Exemplaren des Schneiderzubehörs, die sich noch im Lager befinden, werden Abdrücke als Gussvorlagen für Bonbons genommen. In den Fächern warten aber noch andere süße Köstlichkeiten darauf, von Genießern entdeckt zu werden. Nostalgische Schatullen bergen handgefertigtes Konfekt, Schokoladenstangerl mit Minz-, Orange- oder Moccageschmack oder Wiener Katzenzungen, und sind fast zu schön, um sie selbst zu öffnen. Aber kann – und sollte – man sie sich selbst wirklich versagen? „Mein Ehrgeiz ist es ja, nur Sachen aus allerbestem Rohmaterial herzustellen und mit Liebe meinen Kunden anzubieten." Kandierte Veilchen gönnte sich bereits Kaiserin Sisi zum Nachtisch, und wer verzweifelt nach dem Goldenen Wiener Herz sucht, der findet es hier ebenfalls. Süß ist es und mit feinstem Haselnusskrokant gefüllt. Die hausgemachten Tafeln des „Schokoladekönigs" werden, im Gegensatz zu Konfekt, nicht gefüllt, allenfalls mit Goldstaub bestreut, was einen tollen Effekt ergibt. Repräsentativer kann man Schokolade wirklich nicht verschenken. Meister Wolfgang Leschanz lernte das Zuckerbäckerhandwerk in der Konditorei Gampe in Baden bei Wien, über das „Hotel Sacher" kam er zum „Demel", dem er lange Zeit auch als Geschäftsführer vorstand. Internationale Luft schnupperte er in Amerika, Syrien und Japan. Zurückgekehrt, war er noch als Betriebsleiter beim Schokoladen- und Waffelspezialist Kurt Pischinger tätig, bevor er sich 1995 selbständig machte. Leschanz gibt sein Wissen gerne in Kursen für Konditoren zwischen Wien und Tokyo weiter. Traditionelle österreichische Handwerkskunst und kostbare Rezepte reisen mit ihm um die Welt und machen sie dabei vielleicht ein bisschen besser. „Zu genießen – und zu genießen verstehen – erachte ich als Rezept für ein schöneres und besseres Zusammenleben auf unserer Welt. Denn wer genießt, braucht keinen Schießprügel."

Wiener Schokoladekönig
Wolfgang Leschanz
Freisingergasse 1
A-1010 Wien
Telefon 00 43 (0) 1 / 5 33 32 19
www.leschanz.at

Marzipanina Ottakring

Der Wilhelminenberg liegt in tiefem Schlaf. Nur aus einem Fenster der kleinen Café-Konditorei am Rosen-Acker fällt Licht auf die Straße, und das liegt am Bräutigam. Oder besser gesagt, an seinen wilden, goldbraunen Locken, die Martina Hofkirchner soeben in Unordnung bringt. Später wird er lässig neben seiner Braut an einer Brüstung lehnen, während die Band im Hintergrund rockt. Dazu fügt Martina feinst geformte Marzipansticks in die Hände des Schlagzeugers, verleiht dem Saxophonisten den s-förmigen Hüftschwung und setzt dem Keyboarder das Kapperl schief auf den Kopf. Jeder, der ein Stück der köstlichen Hochzeitstorte angeboten bekommt, wird in ihnen die realen Vorbilder wieder erkennen. „Nachts bin ich am kreativsten", sagt die Zuckerbäckermeisterin, die ihren kleinen, feinen Laden seit 2002 führt, und deren liebster Werkstoff Marzipan ist, „da forme ich die Szenen aus dem Leben meiner Kunden am liebsten." Wer sich von ihr eine Festtagstorte anfertigen lässt, wird zu einem Vorgespräch eingeladen, bei dem es vor allem um die Hauptpersonen des Festes geht. „Dann entwickle ich Szenen, die den Charakteren entsprechen und statte die Figuren mit typischen Merkmalen aus, die sie unverkennbar machen." Unverkennbar wie die Kreationen der Tortendesignerin, deren süße Köstlichkeiten bei Hochzeiten, Taufen, Geburtstagsfesten und großen Feiern Aufsehen erregen. Die Figuren sind meist in Bewegung, sie winken, hocken, spielen Fußball oder die Enkel auf der Torte zum Achtziger stoßen auf Omis Tisch Gläser um, kratzen sich am Kopf, lümmeln, tanzen, strecken die Zunge heraus. Passende Miniaturen für die Gäste werden mit derselben Sorgfalt hergestellt und sind eine reizende Erinnerung an das Fest. Die künstlerische Ader liegt in der Familie, Bruder Michael, Schauspieler, Clini-Clown und Illustrator, macht die Grafiken, von Vater Anton Hofkirchner stammen die edlen Objektmöbel aus Holz und Metall im Verkaufsraum, in dem man von Mutter Elfriede Kaffee und Mehlspeisen serviert bekommt. Die „Rosenackertorte" etwa, eine Sachermasse mit Sherry, Himbeermarmelade und Pariser Creme oder Punschkrapfen, die, ganz der Linie „Marzipanina" entsprechend, grün statt rosa sind. „Alles wird in Handarbeit und wie zu Omas Zeiten gemacht, ohne Aufschlagmittel oder sonstige Zusätze." Der Erfolg ist entsprechend groß – um auf Nummer sicher zu gehen, sollte man Hochzeitstorten sechs Monate im Voraus bestellen. Die Torten sind auch ein ideales Geburtstagsgeschenk, originell und persönlich. „Und eines, das nachher nicht herumsteht", ergänzt Martina lachend. Denn dass ihre Werke verspeist werden, ist ihr ganz wichtig. „Manche sagen, sie haben Hemmungen, sie anzuschneiden, aber dazu sind sie doch gemacht! Warum sollte ich nicht mein Bestes geben, auch wenn ich weiß, dass es nicht für die Ewigkeit ist?"

PISTAZIENMAKRONEN
(30 Stück)

Zutaten
100 g geschälte Pistazien
200 g Rohmarzipan
4 Dotter
100 g weiße Kuvertüre

Zubereitung
30 Pistazien beiseite legen, die restlichen fein reiben. Das Marzipan in eine Schüssel bröckeln, nach und nach die Dotter dazugeben, dabei fest kneten. Pistazien mit der Masse vermischen, Konsistenz sollte spritzfähig sein. Mit glatter Tülle 30 kleine Häufchen auf ein Backblech dressieren. Bei vorgeheizten 170 °C etwa 20 Minuten backen. Kuvertüre erwärmen, auf die erkalteten Makronen einen Tupfen geben und je eine Pistazie darauf setzen.

Marzipanina
Martina Hofkirchner
Rosenackerstraße 12/R1
A-1160 Wien
Telefon 00 43 (0) 1 / 9 47 67 80
Mobil 00 43 (0) 6 99 / 11 10 39 27

waldland Innere Stadt

Wenige Tage vor dem Erblühen neigt sich der Stiel mit der grünen Kapsel abwärts, als wäre der Kopf zu schwer für den zarten langen Hals. Dann jedoch richtet er sich wieder auf, um die prächtige Blüte zu entfalten, deren Farbspiel von Weiß über Violett bis zum typischen satten Rot reicht. Mohn. Man verwendet ihn zum Backen, als Speiseöl oder als Grundstoff für erstklassige Künstlerfarben. Von Ende Juni bis Mitte Juli kann man seit einigen Jahren im Waldviertel wieder dieses wunderbare Schauspiel der Mohnblüte beobachten, wenn sie auch ihre Blätter höchstens zwei Tage lang trägt. Davor wurde jahrzehntelang im Norden Österreichs kein Mohn mehr angebaut, da die Gewinnung schwierig und unrentabel war. Durch die Initiative des Waldviertler Sonderkulturenvereines erlebte diese alte Kulturpflanze jedoch eine Renaissance. Seit Mitte der 80er Jahre des 20. Jahrhunderts betreibt der Verein mit dem „Waldlandhof" in Oberwaltenreith eine Produktions- und Vermarktungsstätte, die Erzeugnisse von 800 Bauern aus der Region bearbeitet und über die Waldland Vermarktungsges.m.b.H. vermarktet. „Kurze Reise – beste Speise" lautet das prägnante Motto des Betriebes, der auf höchste Qualität Wert legt. „Nur beste regionale Rohstoffe aus kontrollierter Produktion werden verwendet. Kurze Transportwege, respektvolle Verarbeitung und der ökologisch wertvolle Hintergrund garantieren feinen, naturhaften Geschmack", sagt DI Hannelore Zinner, Marketingleiterin von „Waldland". Gleich hinter der Peterskirche in Wiens Innenstadt kann man die Produkte kaufen. Die Palette reicht von Ölen, Kräutern und Flachswaren bis zu hervorragenden kulinarischen Spezialitäten. Der „Waldviertler Graumohn g. U." ist eine EU-zertifizierte, regionale Spezialität mit einer besonders sanften, cremigen Note, aus dem sich hervorragende süße und pikante Speisen herstellen lassen. „Die Nachfrage war so enorm, dass ‚Waldland' sogar ein eigenes Mohnkochbuch mit traditionellen Speisen und mit neuen Kreationen herausgibt", lächelt Hannelore Zinner, die in diesem Buch auch alles Wissenswerte über die Kultur des Mohnes zusammengefasst hat. Das „Waldland"-Spezialitätengeschäft bietet auch täglich wechselnde Gerichte für Feinschmecker an, die in einer kurzen Mittagspause qualitativ Hochwertiges essen möchten. An den Barhockern oder im kleinen Trottoirgarten kann man frisch zubereitete Köstlichkeiten aus dem Waldviertel genießen. Für Veranstaltungen jeder Art bietet „Waldland" ein Catering mit schmackhaften, nach den Wünschen der Kunden kreierten Speisenfolgen. Eine der besten Möglichkeiten, seine Freunde oder Geschäftspartner mit der Vielfalt des mystischen Mohns bekannt zu machen.

EINFACHER MOHNKUCHEN

Zutaten

4 Eier
2 Becher Kristallzucker
1 Pck. Vanillezucker
1 Becher Mohnöl
1 Becher Joghurt
1 Becher geriebene Haselnüsse oder Mandeln
1 Becher gemahlener Waldviertler Graumohn
2 Becher griffiges Mehl
1 Pck. Backpulver

Zubereitung

Eier, Kristallzucker, Vanillezucker und Öl schaumig rühren, dann das Joghurt beifügen und weiter schaumig rühren. Nüsse, Mohn, Mehl und Backpulver vermischen, vorsichtig unter die Ölmasse rühren. Ein großes Backblech befetten und mit Mehl bestäuben, darauf die Teigmasse verteilen und bei 180–190 °C 40 Minuten backen. Nach Belieben mit Zucker, Schlagobers, säuerlicher Marmelade oder einer Schokoladenglasur verzieren.

Waldland
Vermarktungsges.m.b.H.
DI Hannelore Zinner
Petersplatz 11
A-1010 Wien
Telefon 00 43 (0) 1 / 5 33 41 56
Telefax 00 43 (0) 1 / 5 33 41 56
www.waldland.at
www.waldviertlergraumohn.at

Städtemaler – Schloss Schönbrunn

Hermesvilla Hietzing

Man kann schnurstracks vom Lainzer Tor in etwa 15 Minuten zu diesem ehemaligen kaiserlichen Jagdschloss spazieren oder stundenlange Wanderungen durch wilde Wald- und Forstlandschaft unternehmen, um die Hermesvilla, von Kaiser Franz Josef für seine Sisi 1882 – 1886 erbaut, zu erreichen. Ein Hauch von Sisis Melancholie weht immer noch um dieses Haus und wenn man durch die zierlichen Torbögen in den Hof geht, meint man fast, ihren Schatten hinter einem der Turmfenster vorbeihuschen zu sehen. Besucher sollten eine Besichtigung des Schlosses mit Sisis Turnzimmer und ihrem von Hans Makart reich bemaltem Schlafzimmer nicht versäumen. Danach ist es Zeit, sich in den ehemaligen Räumen von Sisis Kammerzofe ein Lainzer Hirschragout, Schwammerlgerichte, eine zünftige Jause oder Kaffee und Kuchen servieren zu lassen. Auch ein Frühstück im Schloss, genossen im Garten, am Balkon oder im Korfusaal, wo die Kaiserin bei ihren seltenen Aufenthalten genächtigt haben soll, weckt die Lebensgeister. Ein besonderes, saisonales Schmankerl sind die in Backteig goldgelb gebackenen Holunderblüten, die mit Staubzucker, etwas Zimt oder Honig gewürzt und mit Rharbarberkompott serviert werden, oder die Hausspezialität Mohr im Hemd. Der wird hier nach einem Geheimrezept zubereitet und ist die „süße Kutsche" zurück in die Gegenwart. Der Blick auf Sisis Lieblingsnadelbaum – eine nordamerikanische Sequoia – gehört natürlich dazu. Wer die freie Natur pur erleben möchte, kann sich in der „Hermesvilla" einen opulenten Picknickkorb befüllen lassen und die Köstlichkeiten auf einem der vielen lauschigen Plätze in diesem riesigen Naturschutzgebiet am Rande der Stadt verspeisen.

Hermesvilla
Familie Schlossko
Lainzer Tiergarten
A-1130 Wien
Telefon 00 43 (0) 1 / 8 04 13 23
Telefax 00 43 (0) 1 / 8 04 13 23
www.hermesvilla.at

Chocolaterie Pâtisserie au marché Wieden

„Wie kommt Chili in die Schokolade?", fragte sich Eduard Fruth, lange bevor er im Oktober 2006 seine Chocolaterie gleich beim Naschmarkt eröffnete. Der erste Versuch, heiße Schokolade mit Chili zu kreieren, lief nicht gerade gut, denn der Meisterpatissier musste feststellen, dass Kakao Chili tötet. „Es dauerte etwa ein halbes Jahr voller Experimente, bevor ich eine befriedigende Antwort auf diese Frage geben konnte." Heute verkauft der ehemalige Berufsschullehrer mit französischer Mutter, der lange in Japan lebte, sogar Chilipralinen in seiner „Chocolaterie Patisserie au marché". In weißen Jugendstilvitrinen suchen handgefertigte Spezialitäten Ihresgleichen. Schon die Empfehlungen auf der Staffelei vor dem Eingang lassen erahnen, dass man hier mehr erwarten darf als feinste Gaumenfreuden. Denn ein Künstler wählte Schokolade zu seinem Werkstoff. Eduard Fruth befreite Wiener Süßigkeiten vom Zucker und vom Zuckerguss, weil er versteht, die eigene Süße aus den Kakaobohnen herauszuholen. Größten Wert legt er auf „Achtsamkeit gegenüber dem Material, den Produkten und zu guter Letzt der Natur, aus der die Rohstoffe kommen." Auch privat praktiziert der 68-jährige diese Grundhaltung, indem er bei einem Zen-Meister in Wien Qi-Gong und Zen-Bogenschießen übt. Pomp wird man bei ihm nicht finden, dafür klassische Köstlichkeiten wie Trüffel, Torten, Florentiner oder Madeleines. Er arbeitet gerne Ton in Ton und streut echte Blütenblätter über seine süßen Skulpturen. Ikebana zum Essen. Japanischer Stil im Dekor, gepaart mit erstklassigen altösterreichischen Konditorrezepten und französischer Trüffel- und Pralinenkunst ergibt nicht unbedingt eine Mischung. Es ergibt, beim „Fruth" jedenfalls, eine Ganzheit, die in jeder einzelnen, auch in der kleinsten der Schöpfungen, kost-bar ist.

Chocolaterie Pâtisserie au marché
Eduard A. Fruth
Kettenbrückengasse 20
A-1010 Wien
Telefon 00 43 (0) 6 64 / 1 43 22 43
www.fruth.at

Café Korb Innere Stadt

Schauspielerin, Künstlerin, Avantgardistin, Kunstsammlerin, Förderin, Muse, Prinzipalin. Das alles und noch etwas ist Susanne Widl, die Lebensgefährtin des Medienkünstlers und -theoretikers Peter Weibel, der für sie „Stimmen aus dem Innenraum", ein Auftragswerk der Ars Electronica, schrieb und inszenierte. Darin spielte sie fünf verschiedene historische Frauenfiguren, wohingegen ihr Valie Export in „Unsichtbare Gegner" nur eine einzige Rolle anvertraute. Das allerdings war die Hauptrolle in dem preisgekrönten Filmkunstwerk. An der Seite Peter Falks, des Inspektors Columbo, filmte sie eine Hollywoodproduktion unter Sydney Pollack, bevor sie in einer stilbildenden Werbung für Mineralwasser nicht nur Eddie Constantines Sinne belebte und 1980 als erste Frau im Frack den Opernball besuchte. So war klar, wie exquisit die Stammkundschaft sein würde, als sie vor einigen Jahren das traditionsreiche „Café Korb" von ihrer Mutter übernahm. Seit Susanne Widl für den – nicht nur laut Time Magazine – besten Apfelstrudel der Stadt verantwortlich zeichnet, kuschelt sich österreichische und internationale Kultursociety in die original 60er Jahre Samtlogen. Wie ein Auszug aus dem Who is Who der Kunstszene klingt die – unvollständige – Liste der Gästeschar: Andy Warhol war da, Arthur Miller mit Inge Morath, Günter Brus und Hermann Nitsch, Ilse Aichinger und Elfriede Gerstl, Helmut Berger, Sonja Kirchberger, Gert Jonke, Christine de Grancy, Lui Dimanche, Adi Hirschal und Peter Kogler. Die meisten kommen immer wieder. „Es liegt ein eigener Spirit über diesem Lokal", sagt Susanne Widl. „Das war offenbar schon zu Zeiten Sigmund Freuds so, der in den 20er Jahren hier seine Mittwochvorlesungen hielt." Diese Tradition wird auf philosophischer Ebene fortgesetzt, mit regelmäßigen Vorlesungen namhafter Professoren verschiedener Fakultäten. Susanne Widl hat den Intellektuellen in ihrem Leben einen eigenen Rahmen geschaffen, die Artlounge. „An der Wellnesszone vorbei", weist die extravagante Kunstsinnige schmunzelnd zu den neu gestalteten Toiletten, deren Architektur internationale Aufmerksamkeit erregte, „geht es ins Kunstzentrum, mit Arbeiten von Günter Brus, Peter Kogler, Manfred Plottegg und Peter Weibel." Dieser verzaubernde Raum kann gemietet werden und enthält auch eine originale Kegelbahn aus der Gründungszeit. Kaiser Franz Josef I. war zur Eröffnung gekommen, ob er jedoch in der Tat Anlauf nahm und eine Kugel schob, ist nicht überliefert. Viel ist los im „Korb". Christian Ludwig Attersee lud jüngst zur Vernissage seiner „Kaffeeschale" in den schönen Schanigarten. Literaturnobelpreisträgerin Elfriede Jelinek, selbst gerne zu Gast, schrieb in einer Hymne an das „Café Korb", Susanne Widl sei eine der letzten femmes fatales. „Sie gleitet zwischen den Schuhen der Gäste hindurch. Ein Fels auf Schlittschuhen ..." Diese Rastlose, die sich in New York, Mailand und Rom als Model durchschlug, nachdem sie die Schule für Höhere Töchter in Grinzing beendet hatte, verfasste einst ihre eigene kleine Caféhausphilosophie. Und beschreibt darin ihr Kaffeehaus. Denn das ist Susanne Widl auch noch – Kaffeesiederin: „Es ist Wärme- und Lesezimmer, es ist Studierbude und Studiobühne. Es ist Schaufenster und Swimmingpool, es ist Meditationsort und Fasching. Es ist Restaurant und Teesalon, es ist feine Stube und Bahnhofshalle, es ist das Leben selbst."

Café Restaurant Korb
Susanne Widl
Brandstätte 9
A-1010 Wien
Telefon 00 43 (0) 1 / 5 33 72 15
Telefax 00 43 (0) 1 / 5 13 18 94
www.cafekorb.at

Süße Inspirationen in der Wiener Architektur

„Den Zucker muss man zerbeißen!“ (Adolf Loos)

Wenn man durch das Michaelertor aus der Hofburg tritt, steht man vor jenem Haus, das nach seiner Errichtung im Jahr 1910 Kaiser Franz Josef I. veranlasst haben soll, diese fortan nur noch über andere Wege zu verlassen. Das für die vornehmen Herrenschneider „Goldman & Salatsch“ erbaute Stadthaus erregte die Gemüter wie kein anderes zu seiner Zeit, wurde beklatscht und kritisiert und erhielt sogar einen Spitznamen: „Das Haus ohne Augenbrauen“.

Der Architekt Adolf Loos verzichtete nämlich auf jede Art von Ornament, sogar auf die Fenstergiebel, und das zu einer Zeit, da die Ringstraßenpalais noch als schick galten und Wiener Secessionisten mit ihren ornamentreichen Jugendstildesigns schon Furore machten. Nicht nur Villen, Häuser und Lokale, auch Gebrauchsgegenstände tragen die Handschrift dieses Architekten. Die Wiener Glasfirma „Lobmeyr“ stellt bis heute Kristallgläser nach einem Entwurf des Meisters der klaren Linien und der imposanten Schmucklosigkeit her. Dabei ließ er es jedoch nicht bewenden. In zahlreichen Vorträgen und Zeitungsartikeln äußerte er sich auch zu Fragen des Lebensstils. In „Vom Gehen, Stehen, Sitzen, Liegen, Essen und Trinken“ warnt er, der mit so vielen Traditionen brach, davor, das „allgemein gebräuchliche Essbesteck“ durch Designerware zu ersetzen, sei es doch das organische Produkt eines vielhundertjährigen Kulturprozesses und an Vollkommenheit durch kein erfundenes zu ersetzen. Das wichtigste Stilprinzip Adolf Loos', dass jeder Gegenstand in erster Linie seinem Zweck angepasst sein muss, war damit nämlich bereits erfüllt. Besonders über das Likörglasdesign der Secessionisten um Otto Wagner und Josef Hoffmann, um Gustav Klimt und Kolo Moser, äußerte Loos sein Missfallen. Für den dickflüssigen Likör hätten die „schnapskundigen Holländer“ mit der Windblütenform doch längst die vollkommene Gestalt gefunden, schreibt er. „Es war daher selbstverständlich, dass die Wiener Secession das umgekehrte Prinzip für Likörgläser beschloss: die Mandarinenform.

Nur Schlangenmenschen [...] können ein solches Glas leeren." Nach dem ersten Weltkrieg kochte dem begeisterten Bar- und Kaffeehausgeher Mitzi Schnabel, seine Kärntner Haushälterin, sonntags groß auf. Kapaune, Gänseleber und als Nachtisch herrliche Indianerkrapfen standen auf dem Menüplan. Diese leider etwas aus der Mode gekommenen Dessertklassiker bestehen aus Brandteigkrapfen, die mit Schlagobers gefüllt und mit flüssiger Schokolade glasiert werden. Zu Loos' bevorzugten Tagesgerichten zählte der Porridge, nach englischer Art mit Haferflocken zubereitet, die „zwar weich sein, aber noch einzeln aufeinander liegen" sollten, dazu kam Obers und gratinierter Zucker, den man „zerbeißen muss". Die Architekten der Secession ließen sich von Loos' Tadel nicht abhalten, weiterhin Designs für Genießer zu gestalten. Ihre Kaffeehausmöbel, Speisezimmer, Geschäftseinrichtungen und Gebrauchsgegenstände sind heute begehrte Sammlerobjekte. Josef Hoffmanns berühmtes „Melonenservice" für Mokka und das Kaffeeservice „Deco Vienne" entstanden um 1929 und werden nach wie vor von „Augarten" erzeugt. Viele der außergewöhnlichen Entwürfe von Josef Hoffmann entstanden in einem Ringstraßencafé, in dem er sich täglich zur Mittagszeit vom Chauffeur absetzen ließ, um zu essen, Zeitungen zu lesen und danach seine Ideen zu Papier zu bringen.

Heutzutage setzt sich Gustav Peichl hin und wieder auch mit Salzburger Nockerln oder Geburtstagstorten auseinander, allerdings weniger in seiner Eigenschaft als Architekt, denn als Karikaturist „Ironimus", als welcher er die Süßigkeiten – vor allem Politikern gegenüber – eine deutliche Sprache sprechen lässt. Und wenn er, in „Im Schatten der Burenwurst", die Geschichten H. C. Artmanns illustriert, dann taucht schon einmal ein „begabter Schreiber von Liebesbriefen" die Feder statt ins Tintenfass in ein Kaffeehäferl, und der Stehgeiger spielt im Café den Einsamen zu Wein und Bier, statt zu Kaffee und Kuchen, auf. Die Pfeiler, hat es den Anschein, sind nicht süß. Das Süße bleibt zarte Zier. Sogar in Wien.

Gloriette im Schlosspark Schönbrunn

Ausstellungshaus der Wiener Secession

Confiserie de Luxe Altmann & Kühne Innere Stadt

Jeder schwärmt von ihnen und wer eine dieser kleinen Kommoden zum ersten Mal auf dem Handteller hält und an einem der Messingringe zieht, auf dessen Gesicht zeigt sich augenblicklich ein Lächeln. In Reih und Glied kuscheln sich in der Lade Liliputpralinen in Tütchen und verströmen ihren unwiderstehlichen Nougatduft. Stammkunden wissen, wo das Krokantplättchen sein muss, denn nach festgelegten Skizzen wurden sie von Hand sortiert. Hauchzarte Schokoschnüre umschlingen kandierte Marzipankugerln, auf Haselnusskegeln glitzern Silberperlen, nebenan schaukelt die Schokoladenbohne auf dem Walnussschiffchen. „Almost too pretty to eat" – fast zu hübsch zum Vernaschen seien sie, schreibt Style.com und das Wissenschaftsmagazin Galileo widmete „den kleinsten handgemachten Pralinen der Welt" eine ausführliche Reportage. Staunend konnten die Zuseher da beobachten, wie die winzigen Köstlichkeiten einzeln von Hand gerollt, gefüllt und verziert werden. Wer es immer noch nicht glauben mag, ist in der Manufaktur im zweiten Bezirk zur Besichtigung herzlich willkommen. Eva Hansalik, Chefin der Patisserie, die das Handwerk bis zur Meisterschaft in der Konditorei „Demel" erlernte, stehen noch die originalen Rezepte zur Verfügung, die ganz ohne künstliche Zusatzstoffe auskommen. Die Herren Altmann und Kühne bewiesen aber nicht nur bei ihren Minibonbons hervorragenden Geschmack, sondern auch bei der Ausstattung ihrer Edelconfiserie. Josef Hoffmann, der bedeutende Wiener Jugendstilarchitekt, entwarf 1928 das kleine Geschäft am Graben, das im Originalzustand erhalten und mittlerweile als in der Welt einzigartiges Art déco Kleinod denkmalgeschützt ist. In seinem kaukasischen Nussholzinterieur kommen die Miniaturausgaben von Kommoden und Hutkoffern, von Sekretären, Stufenschatullen und Reisekoffern mit den Originaldesigns der Wiener Werkstätten perfekt zur Geltung. Auf Service legt man in diesem seit Jahrzehnten in privater Wiener Hand befindlichen Geschäft großen Wert und plissiert auf Wunsch Seidenpapier für die Geschenkverpackung.

Wohl auch deswegen verfinstert sich seit Jahren das Geschäftslokal plötzlich hin und wieder, denn Herren mit dunklen Brillen werfen draußen auf dem Graben ihre breitschultrigen Schatten in die Auslage. Dann atmen die Angestellten erleichtert auf. „Solange die Botschaftergattin nach Geschenken für ihre Freunde sucht, bewachen ihre Bodyguards das Geschäft und dann fühlen wir uns wirklich sicher", schmunzelt die Verkäuferin in ihrer blauen Uniform.

Mit solch einem Koffer im Gepäck lässt es sich gut zur Austauschfamilie nach Frankreich oder Amerika reisen, finden Wiener Schülerinnen und Schüler. Ob Hollywoodstar, Burgschauspielerin, Aristokrat, Stil-Ikone oder Fernsehprominenz, „Altmann & Kühne" ist auch ihre erste Adresse für süße Must-Haves.

GETUNKTE TROCKENFRÜCHTE

Zutaten

frisch getrocknete Früchte wie Marillen, Zwetschken, Mangos, Ananas, Papayas, Melonen, dazu Nüsse zu gleichen Anteilen, dunkle und helle Kuvertüre

Zubereitung

Kuvertüre im Wasserbad verflüssigen und zu einer cremigen Konsistenz abkühlen lassen. Diese erneut unter ständigem Rühren auf maximal 32 °C (unter Körpertemperatur) erwärmen, sonst kann ein Grauschleier entstehen. Früchte einzeln oder in Kombinationen ganz oder zur Hälfte in die Schokolade tauchen und auf Backtrennpapier erstarren lassen.

Confiserie de Luxe Altmann & Kühne
Petra Schlick
Graben 30
A-1010 Wien
Telefon 00 43 (0) 1 / 5 33 09 27
Telefax 00 43 (0) 1 / 2 16 54 02
www.feinspitz.com

Café Demel Innere Stadt

In den Rokokozimmern des Erdgeschosses haben sie sich zu einem illustren Spektakel versammelt: Figaros in Nougatstreif machen kandierten Veilchen den Hof, Seltsamer Vogel buhlt mit Bonbons, Pariser Mandeln, und berberitzensaurem Weinscharl um das Mädchen Alt Wien, Les Orangines lehnen sich verträumt an Les Printanieres und alle diese süßen Köstlichkeiten hoffen auf die Gunst des Publikums. Früher begrüßten hier zwischen den gold gerahmten Spiegelwänden am ersten kalten Tag des Jahres vornehme Wienerinnen den Herbst stilgerecht mit einer heißen Schokolade, den Blick auf das Treiben am Kohlmarkt gerichtet. Heute stehen dafür auf zwei Etagen zahlreiche andere Salons zur Verfügung. Der feinsinnige Federico von Berzeviczy-Pallavicini, Schüler der Wiener Werkstätten, prägte als Gatte Klara Demels die Konditorei nachhaltig, unter anderem schuf er die Tradition der kunstvollen Schaufenstergestaltung, wo die Zuckerbäckermeister ihr ganzes Können präsentieren. In seinen Demelkoffer packte der Baron Trüffelkugeln aus dunkler und weißer Schokolade, füllte sie mit zarter Creme, wälzte sie in Kokos, bevor er sich 1971 auf den Weg nach Italien und New York machte, um dort als Architekt zu leben. Seit 2002 ist diese berühmte Kaiserliche und Königliche Hofzuckerbäckerei Teil von „Do&Co", dem international tätigen österreichischen Cateringunternehmen Attila Dogudans. Er schaffte den Spagat zwischen Tradition und Moderne und setzt bemerkenswerte Akzente, etwa mit der gläsernen Schaubackstube im Erdgeschoss, die den Besuchern einen Blick auf die Arbeit der Konditoren erlaubt. Vom frühen Morgen an werden hier im buttrigen Blätterteigduft Torten glasiert, Kekse mit Nüssen bestreut, Teegebäck in Schokolade getunkt, Marzipan geformt und Trüffel gefüllt. Das Konfekt wird wie vor 220 Jahren handgefertigt. Die saftige Demeltorte, die unter Schokoladenglasur Orangen mit Mandeln vereint, auf die ein Tupfer Ribiselmarmelade und Marzipan gesetzt ist, wird in königsblaue Schachteln verpackt, um solcherart auch in alle Welt verschickt zu werden. Und wenn dann die Waffeltorte, ein Menuett von knusprigen Waffeln mit Nougat, auf der Zunge schmilzt, ruft das Publikum: „Encore!"

RUSSISCHE PUNSCHTORTE

Zutaten

für die Biskuittorte (ø 20 cm):
4 Eier
145 g Feinkristallzucker
145 g Mehl, gesiebt
45 g Butter, flüssig
100 g Rum, 38%ig

für die Vanillecreme:
120 g Feinkristallzucker
45 g Maizena
150 g Dotter
400 g Milch
200 g Schlagobers
1/2 Vanilleschote

für die Pastamasse:
125 g Eiklar, frisch
200 g Feinkristallzucker
100 g Staubzucker

kandierte Veilchen, nach Belieben
geriebene Pistazien, nach Belieben

Zubereitung

Für die Biskuittorte Eier und Zucker im Wasserbad auf 50 °C, dann in Küchenmaschine gut schaumig aufschlagen, gesiebtes Mehl einmelieren. In gebutterte und bemehlte Tortenform füllen, bei 160–165 °C ca. 45–50 Minuten backen.

Für die Vanillecreme Kristallzucker mit Maizena und Dotter glatt rühren. Milch mit Schlagobers und Vanilleschote kochen, 250 g davon der Dottermischung beigeben, glatt rühren. Dann in die kochende Milchmischung einrühren, einmal aufkochen, über Nacht auskühlen lassen.

Die Biskuittorte zweimal durchschneiden, mit Rum tränken und doppelt mit der Creme füllen.

Für die Pastamasse Eiklar mit Kristallzucker im Wasserbad auf ca. 50 °C unter ständigem Rühren aufschlagen, zu einer festen Masse rühren, gesiebten Staubzucker unterrühren. Pastamasse oben zwei Zentimeter dick aufstreichen, am Rand Dekor aufdressieren und abflämmen. Mit kandierten Veilchen und geriebenen Pistazien dekorieren.

K. u. K. Hofzuckerbäcker Ch. Demel's Söhne GmbH
Kohlmarkt 14
A-1010 Wien
Telefon 00 43 (0) 1 / 53 51 71 70
Telefax 00 43 (0) 1 / 5 35 17 17 26
www.demel.at

Café Museum Innere Stadt

Kein Ornament. Klarheit, Schlichtheit, Funktionalität in Architektur und Design war das Credo des großen österreichischen Architekten Adolf Loos. Damit stand er in scharfem Widerspruch zu vielen seiner Zeitgenossen, die als Secessionisten den Wiener Jugendstil prägten. 1899 erhielt er den Auftrag, das „Café Museum" schräg gegenüber der Secession zu gestalten. Loos verwirklichte in diesem typischen Wiener Kaffeehaus erstmals seine gestalterischen Prinzipien und löste mit seiner radikalen Abkehr vom dekorativen Stil eine Revolution aus. Wegen der als spartanisch empfundenen Einfachheit erhielt es damals den Spitznamen „Café Nihilismus".

Die Stühle aus rot gebeiztem Bugholz und die Mahagonitische ließ er von der Firma Kohn, die später von Thonet übernommen wurde, fertigen, seine Lampen und Bänder in den Gurtbögen waren aus Messing und die Wandverkleidungen aus edlem Mahagoni. Vorhänge entfernte er, setzte dafür farbliche Akzente mit blauen Fensterrahmen und blassgrünen Wänden mit dunkelgrünen Streifen. Leider musste der große Architekt, der mit diesem Café stilbildend für die moderne Inneneinrichtung wurde, erleben, wie es 1930 gänzlich umgestaltet wurde. Ausgerechnet von einem Schüler des Secessionisten Josef Hoffmann, Josef Zotti, der dem Lokal eine etwas andere, durchaus auch gemütliche Atmosphäre verlieh. Als 2003 neue Besitzer das renovierungsbedürftige Lokal übernahmen, entschieden sie sich jedoch für eine Rekonstruktion des Originals von Adolf Loos. Dank mühevoller Recherchearbeit erstrahlt das Kaffeehaus nun wieder in seinem ursprünglichen Glanz. Sogar die klassische Sitzkassa im Eingangsbereich wurde wiederhergestellt, wird aber zeitgemäß genutzt, dient sie doch im Augenblick der Präsentation der hausgemachten Mehlspeisen. Doch nicht nur Süßes wird zu Kaffee- oder Teespezialitäten serviert, von kleinen Gerichten der typischen Wiener Kaffeehausküche bis zum 3-gängigen Menü kann man sich hier verwöhnen lassen. Auch für geistige Nahrung ist mit Lesungen, Verkaufsausstellungen junger Künstler oder Live-Konzerten gesorgt. Wer nur zum Zeitung lesen und Kaffee trinken kommen möchte, ist ebenso herzlich willkommen, wie Veranstalter, die im Gibson-Zimmer mit bis zu 80 Personen für sich sein können. Das Wiener gesellschaftliche Leben käme ohne Kaffeehäuser wie dieses nicht zurande. Die Kartenspieler treffen sich in Nebenräumen, Vereine halten ihre Sitzungen hier ab und feine Damen tarockieren. Um es auf einen Nenner zu bringen: Wieder viel Loos im „Café Museum"!

ZWETSCHKENSTRUDEL
(5 Portionen)

Zutaten

150 g Semmelbrösel
100 g Butter
150 g Kristallzucker
1 TL Zimt
100 g Butter zum Bestreichen
500 g Zwetschken
2 cl Rum
1 TL Vanillezucker
2 Strudelblätter, je 100 g
60 ml Schlagobers
Zimt, Staubzucker, Vanillezucker

Zubereitung

Zwetschken entkernen und schneiden. Zucker mit Zimt mischen, mit Vanillezucker und Rum unter die in Butter goldbraun gerösteten Brösel rühren. Zwetschken unterheben. Ein Strudelblatt auf einem befeuchteten Tuch ausbreiten, mit zerlassener Butter bestreichen, das zweite Strudelblatt darüberlegen, die Fülle auf der unteren Hälfte verteilen. An den Enden einschlagen, von unten beginnend straff einrollen. Auf ein befettetes Blech legen, mit zerlassener Butter bestreichen und bei 220 °C 25–30 Minuten backen.

Mit Zimtschlag anrichten. Hierfür halbgeschlagenes Obers mit Vanillezucker, Zucker und Zimt abschmecken.

Café Museum
Operngasse 7
A-1010 Wien
Telefon 00 43 (0) 1 / 5 86 52 02
Telefax 00 43 (0) 1 / 5 86 52 02
www.cafe-museum.at

Patisserie Zum Schwarzen Kameel Innere Stadt

„Dem Ruf Wiens als Hauptstadt der Süßspeisen Tribut zu zollen", war das Anliegen Peter Frieses, als er die süße Dependance seines traditionsreichen Edellokals „Zum Schwarzen Kameel" eröffnete. Dessen Spezialitäten erfreuen die Wiener seit mittlerweile fast 400 Jahren, schon Größen wie Beethoven oder Ferdinand Georg Waldmüller wussten die Kombination aus Feinkosthandlung und Spitzenrestaurant zu schätzen. Der große Komponist hinterließ einige unbeglichene Rechnungen, der große Biedermeiermaler das entzückende Logo mit dem schwer beladenen schwarzen Wüstenschiff.

Das Lokal, seit mehreren Generationen in der Hand der Familie Friese, besitzt eine der ganz wenigen original erhaltenen Jugendstileinrichtungen in Wien. Und auch in der Patisserie ist man von originalem Jugendstil umgeben, der prächtige Schrank, in dem die süßen Köstlichkeiten präsentiert werden, stammt von Josef Hoffmann, einem der großen Architekten der Wiener Secession. Darin findet man unter anderem hausgemachte, konsequent nur mit Zucker gesüßte Marmeladen und klassische, oder originell variierte Kekse.

Wie edler Schmuck schimmern unter der Glasplatte des Verkaufstisches die süßen Häppchen des haubengekrönten Meisterkochs Christian Domschitz. Zu seinen handgemachten Preziosen gehören Schaumrollen, Punschkrapferl, Sachertörtchen, Esterhazy- und Doboschschnittchen, alles en miniature. Makronen verwandelt er in verlockende Medaillons mit manchmal auch ungewöhnlichen Inhalten, etwa einer Karamell-Meersalz-Kombination. Süße Gläser, die neueste Tafelfreude, sind in der aktuellen Kollektion in den Noten Mango, Kaffee-Dörrzwetschke, Weißer Pfirsich oder Apfelstrudel erhältlich. Den Lieferservice des Hauses schätzte schon der Kaiserhof – noch ein Ruf, dem das einzigartige „Schwarze Kameel" bis heute mehr als gerecht wird.

Patisserie Zum Schwarzen Kameel
Peter Friese
Bognergasse 5
A-1010 Wien
Telefon 00 43 (0) 1 / 5 33 81 25
Telefax 00 43 (0) 1 / 5 33 81 25 23
www.kameel.at

Café Drechsler Mariahilf

Es ist drei Uhr früh, beim Naschmarkt parken die ersten Lieferwagen und auf der Linken Wienzeile sperrt das „Café Drechsler" nach seiner buchstäblichen Sperrstunde seine Pforten wieder auf. Für manche ist es gerade die richtige Zeit für ein Drechsler-Frühstück, andere bevorzugen um diese Stunde ein Glaserl Wiener oder Burgenländer Wein zur chilligen Musik. „Wir möchten", so Mitinhaber Manfred Stallmajer, „mit hauptsächlich lokalen Produkten die echt Wiener Alternative zur sehr international geprägten Naschmarktgastronomie sein. In der Küche geht's bei uns darum Wienerisch zu, mit der klassischen Kaffeehausküche, kleinen Wiener Schmankerln und traditionellen Wiener Speisen der Saison, manche davon sind fast schon vergessen." Serviert wird – durchgehend bis zwei Uhr früh – auch eine hauseigene Kaffeeröstung im klassischen Café-Drechsler-Design aus weißem Lilienporzellan. Ein weiteres Prinzip, nämlich die Kombination von Tradition und Moderne, lag auch dem Architekten der Renovierung am Herzen. Kein Geringerer als Sir Terence Conran, der englische Stardesigner, nahm sich des 90 Jahre alten Kaffeehauses an. Conran, der bereits das Designerhotel „Triest" derselben Besitzer gestaltete, modernisierte nur dort, wo die originale Substanz nicht mehr vorhanden oder nicht zu retten war. Im Extrazimmer können bis zu zwölf Personen zwischen irisierenden Conran-Tapeten und opulenten Blumenmädchenbildern auch separiert feiern. Eine weitere der vielen Besonderheiten dieses Lokals ist die faire Preisgestaltung – wer an der Bar im Stehen konsumiert, zahlt weniger. Zigaretten gibt es, wie vor langer Zeit, einzeln. Mehrmals wöchentlich beschallen Live-DJs die gelungen renovierte Kaffeehausikone dezent, aber sehr, sehr kultig.

Café Drechsler
Manfred Stallmajer
Linke Wienzeile 22
A-1060 Wien
Telefon 00 43 (0) 1 / 5 81 20 44
www.cafedrechsler.at

Schloss Schönbrunn

Confiserie Zum süßen Eck Alsergrund

Naschen – gewusst wie! heißt eines der Seminare, die Michael Kornherr, Chef der Confiserie „Zum süßen Eck“, hält. Bei ihm kann man edelste Schokoladentafeln oder ausgefallene Schöpfungen vorab verkosten. Es gibt in seinem Sortiment den Chocolatier, der die Ozeane schokoladig umhüllt, wie auch die junge Designerin, die Philosophie genial in Schokolade gießt. „Wir sind seit über 60 Jahren in der Branche tätig. Wir kennen die herrliche Welt der Süßwaren von Grund auf“, sagt er, während er ein frisches Maroniherz auf einen Porzellanteller legt. Es ist eine jener Wiener Spezialitäten, die in lokalen Manufakturen hergestellt werden, so wie die handgewuzelten Trüffelkugeln oder die Alt-Wiener Katzenzungen. Auch bei der Auswahl internationaler Spezialitäten legt der Eigenimporteur Wert auf kleine Produzenten und Waren fernab von Industrieprodukten. Diese Art traditioneller Wiener Zuckerlgeschäfte gibt es seit 250 Jahren, heute sind nur noch wenige erhalten. „Wir sind weder Hersteller noch Schokoladenboutique, weil wir außer unserem umfassenden internationalen Angebot an Spitzenschokoladen mit einem Kakaogehalt von bis zu 100% auch zum Beispiel 80 verschiedene Sorten von Lakritze führen.“ Oder ganz besondere Zuckerl, wie die flüssig gefüllten italienischen Tautropfen, offene Gummiartikel, Vanilleschoten verschiedener Provenienzen und die einzigartigen schokodragierten Gewürze.
Nostalgisches Spielzeug, das sich perfekt in die bis hin zum Anstrich originale Jugendstileinrichtung fügt, nicht zu vergessen. Kurz gesagt – Alles, außer gewöhnlich.

Confiserie Zum süßen Eck
Gabriele und Michael Kornherr
Währinger Straße 65
A-1090 Wien
Telefon 00 43 (0) 1 / 4 02 79 74
Telefax 00 43 (0) 1 / 4 02 79 74
www.suesseseck.at

Beim Novak Neubau

Kaiserschmarrn mit Zwetschkenröster und Marillenpalatschinken stehen als Dauerbrenner natürlich auf der Speisekarte des als Nobelbeisel längst über die Grenzen des 7. Bezirks hinaus berühmten Lokals, aber „die Tagesspezialitäten verkauft der Samir mündlich", so Küchenchef Dusko Novakovic, der den „Novak" seit 2007 mit Partner Samir Masic führt. Sie waren schon bei den „Drei Husaren" ein bewährtes Team, der eine als Chef de Cuisine, der andere als Chefsommelier, aber der Wunsch nach Eigenem ließ sich in dem 200 Jahre alten Haus am Seidengrund verwirklichen. Eine Kombination aus mediterraner und klassischer österreichischer Küche kredenzen die beiden Jungunternehmer in drei geräumigen Sälen, wobei die romantische Note abends noch durch Kerzenlicht betont wird. Vor allem die Veranda mit dem Blick in einen begrünten Innenhof bietet das Flair des Wiener Biedermeiers. Cucina Passione nennt Novakovic jene süßen und pikanten Schmankerl, zu welchen er sich vom Fischmarktangebot, den Saisonfrüchten oder einfach durch seine Kochleidenschaft inspirieren lässt und stellt sie der Pflege der traditionellen Wiener Kochkunst entgegen, die ihm gleichermaßen am Herzen liegt. Sein Zwiebelrostbraten gehört zu den besten der Stadt. Fast jedem Gericht verleiht er einen besonderen Touch, seinen Mohren im Hemd begleitet zum Beispiel ein Gupf Vanilleeis und die Espresso-Creme vereinigt sich mit Preiselbeeren, wie der geeiste Schokokuchen mit Beerenragout. Wer es hochprozentiger liebt – und die zum großen Teil aus Journalisten und Künstlern bestehende Stammkundschaft weiß das zu schätzen – der ist bei Barista Samir in besten Händen. Selbst den Wermutstropfen in seinem Manov-Cocktail möchte man nicht missen.

Beim Novak
Manov Betriebsges.m.b.H.
Richtergasse 12
A-1070 Wien
Telefon 00 43 (0) 1 / 5 23 32 44
www.novak-speisehaus.at

Café-Restaurant Palmenhaus Innere Stadt

Das Palmenhaus im Burggarten ist Teil eines secessionistischen Architekturjuwels, das mit seiner faszinierenden Glas-Eisen-Konstruktion eine Höhe von 15 Metern erreicht. Der Bau, 1901 von Friedrich Ohmann als Wintergarten für den kaiserlichen Hof errichtet, ist dreiteilig. Im linken Trakt befindet sich das Schmetterlingshaus, rechts überwintern kostbare Pflanzen der Bundesgärten und in der Mitte lassen sich seit der gelungenen Renovierung Tag- und Nachtschwärmer der Spezies Mensch unter turmhohen Palmen nieder. Die Brasserie „Palmenhaus" der Geschwister Böhm nährt sie auf allerlei Arten von morgens bis in die Nacht. Die Stararchitekten „Eichinger oder Knechtl" hatten bei der Renovierung 1998 eine herausfordernde Aufgabe zu bewältigen, denn das neuartige Konzept für das „Palmenhaus" war vielschichtig. „Der Ort wechselt seinen gastronomischen Charakter mit der Tageszeit", sagt Andreas Böhm, „so ist er vormittags und nachmittags ein Kaffeehaus, zu Mittag und abends ein Restaurant und nachts Lounge und Cocktailbar. Dennoch hat der Gast zu jeder Zeit die Wahl: Die Küche hat ganztägig von 12 bis 23 Uhr geöffnet."

Die herrliche Terrasse mit Blick über die alten Bäume des Burggartens und seine verwinkelten Wege, wird bei gutem Wetter von Jung und Älter frequentiert und von der großen Bar im Inneren versorgt. „Wir wollten einen städtischen Treffpunkt für ein möglichst breit gefächertes Publikum schaffen. Kein elitäres Szenelokal, sondern einen legeren Rahmen für alle möglichen Gelegenheiten, inspiriert von den großen Pariser Brasserien." Bravourös ist es den Gestaltern gelungen, eine urbane Insel zu schaffen, die Wienern das Gefühl der großen weiten Welt und Fremden das der alten, unverwechselbaren Wienerstadt vermittelt. Andreas und Barbara Böhm verstehen das Lokal als „Projekt, das man weiterentwickelt und zu verfeinern versucht."

Im offenen Küchenbereich mit vorzüglichem, täglich frischem Fischangebot, aber auch anderen lokalen und internationalen Schmankerln regiert Matthias Zykan, dessen mediterran-wienerische Kreationen begeistern. Auch die Patisserie kann sich sehen lassen. Täglich frisch gibt es sowohl Klassiker, wie Sachertorte, Schwarzwälder Kirschtorte, Apfelstrudel, Zwetschkenfleck oder Birnentorte, als auch ungewöhnliche Schöpfungen, wie Topfen-Mohn-Marillentorte, Dinkel-Topfenschnitte oder Bratapfeltorte und die Spezialität des Hauses, die Palmenhaustorte, eine Kombination aus weißer Schokoladenmousse und Marzipan auf Biskuit.

Aber da feste Nahrung allein den Menschen nicht am Leben erhält, wartet eine der besten Weinkarten der Stadt mit 225 verschiedenen Weinen auf. Die Rotweine kommen aus den wichtigsten Anbaugebieten Europas, mit Schwerpunkt Frankreich, bei den Weißen konzentriert man sich ganz auf Österreich. Vor allem die weltberühmten Süßweine aus dem Seewinkel, wie die Scheurebe Trockenbeerenauslese 2001 vom Weingut Kracher oder der Muskateller Eiswein 2005 vom Weingut Bründlmayer möchte der Kenner süßen Genießern ans Herz legen.

Unter der gläsernen Kuppel von der Vormittagssonne gewärmt zu werden oder beim Mittagsmahl den Regen darauf prasseln zu hören, den Blick während des Dinners über die steinerne Balustrade und den kaiserlichen Park schweifen zu lassen, unter blühenden Kletterpflanzen zur Musik der DJ-Line chillen, bei einem raffinierten Cocktail einem verirrten Papillon nachsehen – wer würde sich denn davon nicht gern gefangen nehmen lassen?

Café-Restaurant Palmenhaus
Burggarten
A-1010 Wien
Telefon 00 43 (0) 1 / 5 33 10 33
Telefax 00 43 (0) 1 / 5 33 10 33 10
www.palmenhaus.at

Süße Inspirationen in der Wiener Musik

„Bei der Hitz im Sommer eß ich“ (Wolfgang Amadeus Mozart)

Im Sommer des Jahres 1782 muss Wien wohl unter einer Hitzewelle gelitten haben, denn Mozart griff zur Feder, um einen Text für einen dreistimmigen Kanon, dessen erste Zeile „Bei der Hitz im Sommer eß ich“ lautet, zu Papier zu bringen. Man findet den Titel des Werkes leicht im Köchelverzeichnis unter der Nummer 382e. In der Musiksammlung der Wiener Nationalbibliothek gibt es Gesamtausgaben der Werke Mozarts mit Noten und Texten, doch es dauert eine Weile, bis der entsprechende Band aus den Archiven in den dritten Stock des ehemaligen Palais Mollard gelangt. Zeit, in dem modern gestalteten Lesesaal mit Blick über die alten Dächer der Innenstadt zu schmökern. Was mag Mozart wohl in jenen Tagen im Sommer gegessen haben? Früchte und Kompotte, leichter Apfelkuchen aus Blätterteig oder ein Reisschmarrn mit Topfen und erfrischender Zitronenschale standen auf seinem Speiseplan. Limonaden waren eine beliebte Erfrischung und aus Orangen und Zitronen machte man köstliche Mürbteigkuchen. Mandelmilch oder Mandelkoch, eine Art Pudding, wurde gerne mit frischen Erdbeeren serviert, während Melonen nicht nur roh, sondern auch in Form von Gratins genossen wurden. Sogar Eiscreme, besser gesagt „Gefrorenes“ gab es bereits, besonders beliebt waren Erdbeersorbets. Sie wurden in umständlichen Maschinen mit Salz heruntergekühlt, man aß sie in Cafés oder Gasthäusern, weil sie für Privathaushalte viel zu teuer waren. Auch ein kalter Punsch könnte gemeint sein, in der Art einer Bowle mit Himbeer- und Pfirsichstückchen drin, süß und erfrischend.

Punsch regte jedenfalls Franz Schubert zu mehreren Kompositionen an. Zu Texten Friedrich Schillers, wo des „Zuckers lindernder Saft“ besungen wird, der die herbe, brennende Kraft der Zitrone zähme, verfasste er die Musik. Ludwig van Beethoven hingegen liebte Weine und probierte gerne neue Sorten aus. Diese mussten süß, aber nicht zu süß, leicht beschaffbar und preiswert sein. Doch auch Tokaier und Malaga soll er hin und wieder sehr zu schätzen gewusst haben. Seine Leidenschaft für Kaffee ist ebenfalls überliefert, 60 Bohnen wurden für eine Tasse abgezählt. In Beethovens Besitz befand sich eine Zuckerdose, die mit einem kleinen Schlüssel versperrbar war.

Kaffeehäusern wurden einige musikalische Denkmäler gesetzt, von Mozart etwa in seiner Oper „Così fan tutte“. Gleich im ersten Bild zücken da zwei Offiziere ihre Degen gegen den Lebemann, der die Treue ihrer Bräute anzweifelt. Lorenzo da Ponte schrieb das Libretto, das eine wilde Wette über die Ehrsamkeit zweier Mädchen behandelt. Und wo lässt der Librettist diese Auseinandersetzung wohl stattfinden? – In der „Bottega di caffè“! Da Ponte verfasste in demselben Jahr auch den Text zu einem scherzhaften Singspiel von Joseph Weigl, einem Assistenten Mozarts, mit dem Titel „La caffettiera bizzarra“. Die deutsche Übersetzung des Titels lautet in zauberhaftem Barockdeutsch „Die launige Kaffeeschenkinn“.

„Zuckergoscherl“, eine Polka aus dem Jahr 2001 von Günter Seifert, Erster Geiger der Wiener Philharmoniker, ist von einem Zuckerkonzern in Auftrag gegeben worden und auch Popmusiker ließen sich von Süßigkeiten inspirieren, am bekanntesten sind wohl die „Buchteln“ von Frau Hawelka, von Georg Danzer in Musik gesetzt. Derselbe Komponist widmete der „Sachertorte“ ein Lied. Wolfgang Ambros liebt wohl eher die herbe Note im Süßen, er empfiehlt, die „Eibischzuckerl“ immer mit „an klanen Schluckerl Wossa“ zu nehmen.

Ein Wiener DJ führt das Süße gleich in seinem Namen – „Sugar B“ – und beschallte in den 90er Jahren des 20. Jahrhunderts Clubbings unter anderem unter dem Titel „Sweet“ oder „Sweet Dub Club“.

Zeit, die Frage nach Mozarts Erfrischung bei der Hitz' zu klären. In dem großformatigen Leineneinband finden sich die Noten fein säuberlich gedruckt, Stimme für Stimme. Doch darunter steht plötzlich ein ganz anderer Text: „Essen und Trinken, das erhält ...“ von einem anderen Autor.

Außer der Titelzeile ist von Mozarts Originaltext nichts erhalten, erfährt man. So bleibt nur die Hitz' übrig.

Cellist am Graben

Mozart-Denkmal im Burggarten

K. & K. Hofzuckerbäcker Gerstner Innere Stadt

Man muss das Tempo schon drosseln, will man dem turbulenten Treiben der geschäftigen Kärntnerstraße auf süße Weise den Rücken kehren, denn das Tor zum Genuss ist eng und meist herrscht reger Andrang. Der Duft saftiger Schokoladentorten, feiner Konfektspezialitäten und ofenfrischer Kuchen lockt Liebhaber exquisiter Zuckerbäckerwaren zu dem edlen Portal in braun und schwarz, auf dem in goldenen Lettern „Gerstner" neben dem Doppeladler einer „K.u.K. Hofzuckerbäckerei" geschrieben steht. „Genießen kann so einfach sein" lautet das Motto, das Oliver W. Braun, der seit dem Jahr 2000 die Geschäfte führt, ambitioniert umsetzt. Dabei bleibt er der Tradition verpflichtet, und die hat es in der Tat in sich.
1847 gründete Anton Gerstner eine Zuckerbäckerei, für die er bereits 1873 das kaiserliche Hoflieferantensiegel erhielt. Bald versorgte er auch das Publikum des K.K. Hofoperntheaters in den Pausen mit Leckereien und Erfrischungen. Eine Verbindung, die bis zum heutigen Tag währt. Wenn in den ehrwürdigen Hallen der Staatsoper, auf dem Parkett des Musikvereins oder in der Kuppelhalle des Kunsthistorischen Museums die Büfetttische beladen werden, dann tragen Mitarbeiter dieses Unternehmens die süßen und pikanten Delikatessen auf. „Gerstner" ist heute zu einem Feinschmecker-Imperium mit 13 Standorten und Geschäftsbereichen geworden und heimst mittlerweile auch internationale Anerkennung ein. Sein „Gerstner Kunst & Genuss Abendbuffet" im Kunsthistorischen Museum gilt, einem kanadischen Businessmagazin zufolge, als eines der besten der Welt. Größter Beliebtheit erfreut sich auch der Gerstner Kunstbrunch, der jeden Sonntag, ebenfalls in der Kuppelhalle, serviert wird.
Wer die Köstlichkeiten aus der Gourmet Manufaktur und den professionellen Service für seine Veranstaltung genießen will, dem steht das Gerstner Gourmet Catering mit Rat und Tat zur Seite.
Nach wie vor wird bei „Gerstner" in eigener Produktion von Hand nach traditioneller Art nur mit besten Zutaten gefertigt. „Es sind die Hände der Gerstner-Zuckerbäcker und Gerstner-Köche, die den kulinarischen Kreationen das gewisse Extra verleihen", meint man in der Unternehmensleitung. „Jenes Quäntchen Gefühl, das dann auf der Zunge einen ach so großen Unterschied macht." In der herrlichen Gerstnertorte zum Beispiel oder der berühmten Dobostorte. An hauseigenem Konfekt vorbei geht es wieder hinaus auf die Einkaufsmeile zwischen Stephansdom und Oper. Welch eine Wegzehrung für Citytrotter!

GERSTNERTORTE

Zutaten
für die Gerstnerblätter (6 Stück):
8 Eiweiß
120 g Zucker
140 g Margarine
80 g Staubzucker
8 Dotter
80 g Schokolade
160 g Mehl
Prise Salz

für die Parisercreme:
800 ml Obers
800 g Schokolade

für die Schokoladenglasur:
1/8 l Obers
200 g Kochschokolade

Zubereitung
Für die Gerstnerblätter Margarine, Staubzucker, etwas Salz schaumig schlagen, Dotter einzeln zugeben.
Lauwarme Schokolade einrühren, geschlagenes Eiweiß und gesiebtes Mehl unterheben. Blech fetten, stauben, 6 Blätter (ø 24 cm) bei 180 °C backen. Übergröße ausstechen. Für die Parisercreme Obers aufkochen, Schokolade auflösen, kalt stellen. Im Wasserbad zu cremiger Konsistenz schlagen. Blätter mit einer Rum-Zuckerwassermischung bestreichen.
In Springform abwechselnd Parisercreme auf Teigblätter streichen. Torte kühl stellen. Für die Schololadenglasur Obers aufkochen, die Kochschokolade darin glattrühren und abkühlen lassen. Die Torte damit glasieren und anschließend dekorieren.

Gerstner K. u. K. Hofzuckerbäcker
Oliver W. Braun / Gerstner Unternehmensleitung
Kärntner Straße 11–15
A-1010 Wien
Telefon 00 43 (0) 1 / 5 12 49 63
Telefax 00 43 (0) 1 / 5 12 49 63 44
www.Gerstner.at

Mocca Club Kaffeespezialitäten & KostBar Mariahilf

„Kosten Sie die Welt“, lautet das Motto des ‚Mocca Clubs‘, eines wahren Kleinods für Genießer, neben dem „Theater an der Wien“, der Musicalbühne der Stadt, gelegen. Obgleich sich die Gründerin Johanna Wechselberger nicht als Konkurrenz zu den traditionellen Wiener Kaffeehäusern sehen möchte. „Wien ist die Stadt der Kaffeehaus-Kultur, und das zu Recht. Was vielleicht dabei etwas zu kurz kommt, ist die Kaffee-Kultur. Diese Lücke möchte ich mit dem ‚Mocca Club‘ schließen.“

Kaffeekultur beginnt bei der sorgfältigen Auswahl der Bohnen, die von der Chefin persönlich getroffen wird. Jede neue Lieferung wird vorab verkostet. Speciality Coffees, zertifizierte Formen und Raritäten gelangen so ins Sortiment. Um aus den Kernen einer Kirsche der Rubinienart „Coffea“, die wir „Kaffeebohnen“ nennen, das köstliche Getränk herzustellen, muss zuerst das süße Fruchtfleisch gelöst werden. Die natürlichste Methode hierfür beherrscht die Civetkatze, die zwar das Fruchtfleisch, nicht aber den Kern verdauen kann und somit den Grundstock für eine der extravagantesten Kaffeeraritäten, den „Kopi Luwak“, liefert. Vor allem der unter Kennern als der beste Kaffee der Welt gepriesene „Kopi Tongkonan Toraja“ ist im Sortiment. Er stammt vom Familienverband der Torajas, eines Bergvolkes von Sulawesi, die nur wenige Kilogramm pro Jahr erwirtschaften können.

In kleinen Mengen werden alle Bohnen für den „Mocca Club“ frisch geröstet. Gemahlen werden sie erst, wenn der Gast seine Wahl getroffen hat. Doch das allein garantiert noch lange nicht vollendeten Kaffeegenuss. „Leider achten nur wenige Gastronomen auf die Kunst der perfekten Extraktion. Die Kaffeemenge spielt dabei eine große Rolle, ebenso die Dauer des Durchlaufs und die Wassertemperatur.“ In der von Johanna Wechselberger mit gegründeten „Vienna School of Coffee“ werden Barista-Kurse und Workshops für Gastronomen sowie für private Koffeinsüchtige angeboten.

„Dies alles ist aus einem Hobby entstanden. Als ich begann, meinen Kaffee selbst zu rösten, später dann auch zu mischen, entdeckte ich die verborgene Vielfalt und den wahren Zauber dieser Kerne oder Bohnen. Später reparierte ich alte Kaffeemaschinen in meinem Keller und stellte fest, welch unterschiedliche Ergebnisse sie lieferten.“ Damit stieg der Anspruch und bald war daraus ein Beruf geworden. Mit dem Kaffee trinkt man immer auch das Land, auf dem er wuchs. „Man schmeckt die vulkanische Erde Hawaiis, die Monsunwinde Indiens, den Regen Nicaraguas und diese Sinneseindrücke machen jede Bohne einzigartig. Manchen Bohnen begegnet man darum nur einmal im Leben“, sagt die junge Unternehmerin.

In den Kolonialstilmöbeln spiegelt sich die tropische Welt ebenso wieder, wie im reichhaltigen Sortiment, das sich nicht auf Kaffee beschränkt. Auch die reinsortigen Trinkschokoladen des „Mocca Club“ sind eine Offenbarung. Der Gast verquirlt sie bei Tisch, zum Beispiel zur cremigen „Chocolate Decadence“.

Kaffee verlangt hin und wieder nach Begleitung, nach Mehlspeisen – die hier hausgemacht sind – oder nach Trüffelspezialitäten – die mit den hauseigenen Kaffees und Tees als Ingredienzien von Hand gerollt werden. Sie alleine sind schon einen Besuch wert. Sonntags gibt es den „Sweet Brunch“ mit Schokobrunnen, Palatschinken und hausgemachten warmen und kalten Mehlspeisen. Die vielleicht beste Gelegenheit, in Wien eine Reise um die Welt zu machen.

Mocca Club Kaffeespezialitäten & KostBar
Gastronomiebetriebs GesmbH & CoKEG
Johanna Wechselberger
Linke Wienzeile 4
A-1060 Wien
Telefon 00 43 (0) 1 / 5 87 00 87
www.moccaclub.com

Original Karlsbader Oblaten Wieden

Aus dem Hotel „Okura" in Tokyo wird anno 2001 vom ersten Geiger der Wiener Philharmoniker in der Rechten Wienzeile 25 berichtet, sie hätten, „wie immer, hier Furore gemacht!!" Er sprach dabei ausnahmsweise nicht von dem weltberühmten Orchester, sondern von einer beliebten Knabberei, die in einem kleinen Geschäft neben dem Wiener Naschmarkt erzeugt wird, den Original Karlsbader Oblaten. Der aus Klosterneuburg stammende O. Sacher hatte diese Köstlichkeiten nach seiner Rezeptur im böhmischen Nobelkurort Karlsbad der verwöhnten High Society der Donaumonarchie gereicht – ein hauchzartes Gebäck mit ebenso zarten Füllungen aus Zucker und Schokolade oder Haselnüssen, das sich durch den außergewöhnlichen Geschmack und die Knusprigkeit rasch zum Publikumserfolg entwickelte. Bald wollten die Wiener Kurgäste auch in ihrer Haupt- und Residenzstadt nicht mehr auf diese Köstlichkeit verzichten, also nahm der Firmengründer gleichzeitig in einer kleinen Bäckerei beim Naschmarkt die Produktion auf, wobei er sich natürlich an sein ursprüngliches Karlsbader Rezept hielt, das am selben Ort noch immer eifrig auf die althergebrachte Art produziert wird. Auf kleine elektrische Plattenöfen wird händisch Teigstückchen für Teigstückchen gelegt und dann gebacken. So entstehen die köstlichen Knabbereien, die hervorragend zu Kaffee, Schokolade, zum Tee oder Wein passen und aus denen mit Hilfe von Cremes köstliche Törtchen gemacht werden können. Sowohl die Sorgfalt, die das Team um Vertriebsdirektor Peter Lagler bei der Herstellung der Original Karlsbader Oblaten walten lässt, als auch der Duft und das Erscheinungsbild der alten Öfen vermitteln das Flair der guten alten Zeit, von dem die Besucher schwärmen. Dazu zählen viele Touristen und internationale Gourmetjournalisten, etwa das Magazin „Elle à Table", für das die Produkte des Hauses „O. Sacher" zu den empfehlenswerten Adressen für typische Wiener Köstlichkeiten gehören. Vor allem das ebenfalls handgemachte Käsegebäck hatte es den Franzosen angetan. „Seit mehr als neun Jahrzehnten werden unsere Produkte in gleicher Art und Weise nach den alten Geheimrezepten hergestellt", erläutert der Vertriebsdirektor. „Beim Käsegebäck könnte man sogar fast von einem Reinheitsgebot sprechen", schmunzelt er. „Nur verschiedene Käsesorten, Mehl und Kümmel, sonst nichts, also ein reines Naturprodukt." Das ist sicherlich mit ein Grund, warum sich die Produkte auch in vielen Geschenkkörben von exklusiven Spezialitätengeschäften finden. Wer eine Party oder Veranstaltung um einen besonderen „Show-Act" mit wohlschmeckenden kulinarischen Raritäten bereichern möchte, kann den flexiblen Einsatz der kleinen Öfen und einen Bäcker, der vor Ort die Knabbereien bäckt, buchen. So fanden sich die vom „Culinarium Österreich" prämierten Backwaren bereits bei großen Events wie dem Donauinselfest oder bei Pharma-Produktpräsentationen. Ein Gast berichtet in „Phoenix" begeistert: „Sektgläser wurden gereicht. Über den Köpfen der hereinströmenden Gästeschar verbreitete sich angenehmer zarter Käseduft. Das Geheimnis konnte mit einer Kopfwendung gelüftet werden: Zwei fachkundige Bäckermeister des luftigen Käsegebäcks erzeugten in einem kleinen Standl Original Karlsbader Oblaten." Die „Live-Backshow" eignet sich nämlich hervorragend, um die außergewöhnliche Note eines Ereignisses zu betonen.

Original Karlsbader Oblaten O. Sacher
Rechte Wienzeile 25–27
A-1040 Wien
Telefon 00 43 (0) 1 / 5 86 67 84
Mobil 00 43 (0) 6 64 / 5 33 98 33
www.karlsbader-oblaten.at

Blühendes Konfekt Penzing

„Um eine Entdeckungsreise zu machen, braucht man nicht wegzufahren, sondern nur die Tür zu den Sinnen zu öffnen. Mein Konfekt soll den Blick für das schärfen, was sich an Wundern gleich vor unserer Haustüre ereignet, in unseren Gärten, in der nächsten Umgebung, den Wäldern, den Parks“, sagt der Magister der Wirtschaftswissenschaften und ehemalige erfolgreiche Softwareentwickler Michael Diewald. „Selbst auf Dachterrassen und Kräuterbalkonen finde ich herrliche Rohstoffe, mit denen ich mein Konfekt veredeln kann.“ Mehr als zehn Jahre experimentierte der vielseitige Blüten-Caterer, Wildkräuter-Wanderführer und Kochbuchautor, bis er sein „Blühendes Konfekt“ perfektioniert hatte und im Oktober 2006 die offizielle Firmengründung feiern konnte. Botanisches Wissen eignete er sich bereits als Kind unter Anleitung seiner Großeltern an. Nach seinem Ausstieg aus der Welt der Technik arbeitete der begeisterte Percussionist in einem Naturkostladen, während er mit dem Kandieren von Blüten und Kräutern begann. Heute süßt er Marzipan mit Honig, mischt weiße und dunkle Schokolade oder Biofrüchte wie Mangos, Ananas, Quitten, Dirndln unter und tunkt verzuckerte Minze-Zweige in Bitterschokolade. Nach wie vor sammelt er viele Zutaten auf Streifzügen durch Wiesen und Wälder selbst, den Rest lässt er sich von einem Biobauern liefern. „Den Duft eines Fliederstrauches in der Maisonne schmecken, das sommerliche Aroma englischer Duftrosen auf der Zunge spüren oder die zarte Herbe des wilden Oreganos atmen“, das sind Erlebnisse, die Michael Diewald den Menschen schenken möchte. In der Tat, Waldmeister in einer weißen Schokokugel schmeckt wie eine frisch gemähte Bergwiese, die in der Sonne trocknet. Wilder Zitronenthymian aus der Buckligen Welt mit kandierter Honigmelone und Honig-Mandelmarzipan ergibt eine exotische Köstlichkeit. „Viele wissen gar nicht, welcher Reichtum an Geschmäckern sich in ihrem Garten findet. Man muss nur wissen, wie man ihn hervorholt.“ Darum steht der Veredler der vergessenen Schätze des Gartens auch als „Confisier to rent“ zahlungskräftigen Kunden zur Verfügung, die einer Party den einzigartigen Anstrich von „privatem Konfekt vom eigenen Landsitz“ verleihen möchten. Firmen haben längst den Werbeeffekt, den unvergleichliche Gaumenfreuden bei einer Veranstaltung erzielen können, entdeckt und bestellen die äußerst dekorativen Konfektbüfetts in großem Stil. Für Privatkunden gibt es außer auf speziellen Märkten auch einmal wöchentlich den Direktverkauf in der Manufaktur. „Ich versuche mit jedem einzelnen Bonbon eine kleine Kette von Geschmackserlebnissen herzustellen, so wie es auch ein guter Wein tut.“ Man sollte verzuckerte Oreganoblüten einmal mit dem Abgang eines edlen Rotweins vergleichen. Und Rose-Wildthymian mit der „Nase“ einer Spätlese. Berauschend.

KANDIERTE HOLUNDERBLÜTEN

Zutaten

großblütige Holunderdolden
Staubzucker
2 Zitronen
1/2 l Wasser

Zubereitung

Die Holunderdolden in das Wasser, dem der Saft zweier Zitronen beigemengt wurde, tauchen, herausnehmen und fast zur Gänze wieder abschütteln. Über die Dolden Staubzucker sieben, danach kleine Blütendolden abzupfen, auf Backpapier verteilen und nochmals leicht mit Zucker bestreuen. Die Blüten an der Luft vollständig trocknen lassen und in Aromaschutzbehälter füllen. So sind sie bis zu einem Jahr haltbar und eignen sich hervorragend zum Verzieren und Dekorieren von Süßspeisen.

Blühendes Konfekt
Magister Michael Diewald
Schmalzhofgasse 19
A-1060 Wien
Telefon 00 43 (0) 6 99 / 11 12 79 67
www.bluehendes-konfekt.at

Staud's Ottakring

„Das Geheimnis von Staud, über das so viel gerätselt wird, ist leicht erklärt", sagt der Mann, der es wissen muss, und zuckt die Schultern. „Es gibt keines." Tatsächlich bestehen die wunderbaren Delikatessen der von Diplomkaufmann Hans Staud 1971 gegründeten Firma aus nichts weiter als aus Obst und Gemüse, das nach traditionellen Methoden nur mit natürlichen Mitteln veredelt und zu Marmeladen, Fruchtsäften und pikanten Köstlichkeiten konserviert wird.

Der Firmenchef entstammt einer Obst- und Gemüsegroßhändlerfamilie, noch sein Vater versorgte die Kunden des Yppenmarktes im 16. Wiener Bezirk ausschließlich mit Frischwaren. Als in seiner Studentenzeit das Geld knapp war, begann Hans Staud aus den besten Früchten, die für den Verkauf schon als zu reif galten und weggeworfen werden sollten, heimlich seine eigenen Marmeladen zu kochen und an Feinkosthändler zu verkaufen. Johanna Staud half ihrem Sohn bei der Buchhaltung, doch der Vater erfuhr erst später davon. „Eines Tages wunderte er sich über die hohen Gewinne, kam mir auf die Schliche und das familiäre Gewitter brach los."

Ein sinnbetörender Duft von heißen Himbeeren, Marillen oder Erdbeeren, auf denen der Sirup perlt, zieht aus dem Kessel der Manufaktur hinaus auf die Straße und Paletten mit den in die typischen achteckigen Gläser gefüllten Köstlichkeiten warten schon unter der Laube auf den Lastwagen, um später in Spezialitätenregale ausgewählter Geschäfte sortiert zu werden. Mittlerweile rühren durchschnittlich 30 Mitarbeiterinnen, die meisten aus den Ländern des ehemaligen Jugoslawien, an den Töpfen. Hans Staud unterhält sich mit ihnen auf Serbokroatisch, etwa wenn er ihren Aufgabenbereich für die nächsten 14 Tage festlegt, denn er ist bemüht, ihre Arbeit abwechslungsreich zu gestalten. Als Wirtschaftsfachmann erklärt er schließlich auch seinen Studenten, welches Potential in dem Faktor „glückliche Mitarbeiter" steckt. Die Marmeladenfraktion begibt sich also alle zwei Wochen ans Einmachen von feinem Spargel und knackigen Gurkerln, würzt Champignons, fügt Kümmel zu den Roten Rüben, schärft die jungen Gartenzwiebeln und schält den Knoblauch. Derweil kochen die Kollegen Fruchtsirup, entkernen reife Marillen, Kirschen und Zwetschken, und schälen Grapefruits, Orangen und Blutorangen für die köstlichen Konfitüren, von denen es viele auch nur mit Fruchtzucker gesüßt gibt. Menschlichkeit und Individualität sind dem kunstsinnigen Nestroy-Fan, dessen Lieblingsphilosoph Montaigne ist, überaus wichtig, wie an den Limitierten, den Editionen für allerfeinste Gaumen und an den Singlegrößen zu sehen ist. Der unverkennbare, edle Stil und die hohen Qualitätsstandards, Innovationsgeist und Intuition machten „Staud's" zu einem Vorreiter in der Delikatessenbranche und zu einem internationalen Player in der Luxushotellerie. Er selbst sieht die Sache wesentlich nüchterner. „Vielleicht war ich einfach nur zu heikel. Wenn mir früher als Kind etwas nicht schmeckte, was oft vorkam, spuckte ich es aus, obwohl ich schon wusste, ich würde wieder meine Watschen dafür kassieren. Allerdings mache ich auch keine halben Sachen, entweder ich mach' es g'scheit oder ich lass' es bleiben." Die Musik ließ er, dem der Cellolehrer Philharmonikerreife bescheinigte, nicht ganz bleiben. Ab und zu spielt er noch g'scheit auf der Orgel, Wienerisches, Walzer und herrliche Chansons.

Und damit wären zumindest einige der Geheimnisse von „Staud's" enthüllt.

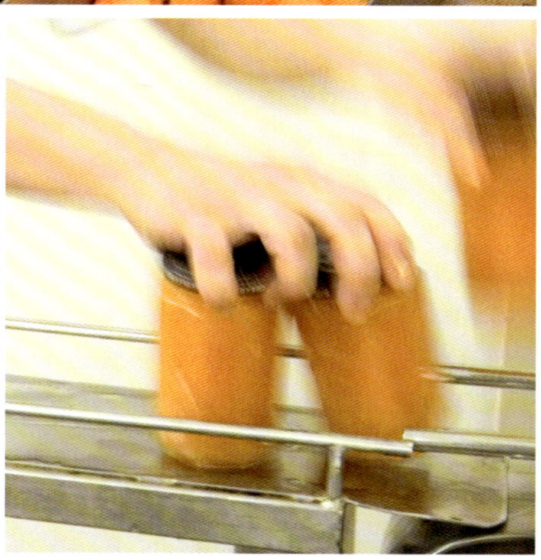

Staud's
Hubergasse 3
A-1160 Wien
Telefon 00 43 (0) 1 / 4 06 88 05
Telefax 00 43 (0) 1 / 4 06 88 05 12
www.stauds.com

Hotel Sacher Innere Stadt

Das „Hohe S“ der Tortenbackkunst ersann ein 16-jähriger Küchenjunge am Hof des Fürsten Metternich zu Wien vor 175 Jahren. Wen immer der Fürst an jenem Tag mit einem ganz besonderen Dessert zu erfreuen gedachte, dieser Jemand muss ihm sehr am Herzen gelegen haben. „Etwas besonders Köstliches für sehr anspruchsvolle Gäste“ sollte das Festmahl beschließen. In der fürstlichen Küche muss große Aufregung und ziemliche Ratlosigkeit geherrscht haben, denn der Chef konnte wegen einer Erkrankung nicht zum Dienst erscheinen. Mutig krempelte da der Lehrbub Franz Sacher die Ärmel hoch, band sich die Schürze um und begann Eier, Schokolade, Zucker, Butter und noch einiges andere zu verrühren. Was genau das war – und vor allem in welcher Weise er es vermengte, sodass eine saftige, eine einzigartige Torte aus dem Backofen kam – bleibt bis heute das wohlbehütete Geheimnis des „Hotel Sacher“. Schon wenige Jahre nach ihrem Debüt am Hof des österreichischen Staatskanzlers begann die bis heute andauernde Welttournee der „Diva assoluta“, der Schokoladentorten. Nur ein einziges Unternehmen stellt das Original her, das „Hotel Sacher“ in Wien, gegründet von Eduard Sacher, Franz' Sohn. Im Zentrum der Stadt bietet es vielfältige Möglichkeiten, das Leben zu genießen, in grandiosen Suiten, repräsentativen Salons, luxuriösen Restaurants und seit Neuestem auch im „Sacher Eck'“ – einer eleganten Bar Ecke Kärntner Straße / Philharmonikerstraße, wo sich eine neue, etwas jüngere Gästeschar trifft. Auf Barhockern an Hochtischen oder im Schanigarten kann man hier vor dem Opernbesuch noch einen kleinen, leichten Snack einnehmen oder den Abend stilvoll bei einem Glas Wein mit Blick zur Oper ausklingen lassen. In der anschließenden „Sacher Confiserie“ werden zahlreiche original Sacher-Produkte, von Torten und Konfekt bis zur „Anna Sacher Zigarre“ samt passendem Humidor zum Verkauf angeboten und weltweit versandt. Die „Original Sacher-Torte“ wird in ein Geschenkpapier mit Biedermeiermotiv verpackt, ihre Holzkiste hat vier Goldecken am Deckel, trägt den Stempel „Original Sacher-Torte“, einen Holzstich des „Hotel Sacher“, und auf der Torte selbst liegt ein Schokoladensiegel mit der Prägung „Hotel Sacher Wien“. Nur wenn diese Merkmale vorhanden sind, handelt es sich um das Originalrezept von 1832.

SCHOKOLADE-BIRNEN-TORTE

Zutaten

für das Biskuit:
110 g Eiweiß
65 g Zucker
65 g geriebene Haselnüsse
65 g Staubzucker
30 g Mehl
300 g Birnen

für die Milchschokolade-Ganache:
130 g Hippenflocken
60 g Nougat
60 g Milchtunkmasse
80 g Butter
175 g Zucker

für das Nougat–Mousse:
175 g Zucker
2 Eier
175 g Nougat
13 g Gelatine
25 g Amaretto
500 g Obers

für die Glasur:
125 g Obers
100 g Tunkmasse
13 g Glykose
25 g Butter
Schoko-Fächer zum Verzieren

Zubereitung

Für das Biskuit Eiweiß und Zucker aufschlagen, Nüsse, Staubzucker und Mehl einmelieren, in eine Terrine legen, gewürfelte und karamellisierte Birnen darauf verteilen. Für die Ganache Nougat, Milchtunkmasse und Butter schmelzen, mit den Flocken vermengt über die Birnen geben und erkalten lassen.

Für das Nougat-Mousse Zucker und Eier aufschlagen, Nougat schmelzen, aufgelöste, mit Amaretto parfümierte Gelatine unterziehen, Obers einmelieren und über die Masse geben. Fest werden lassen, dann in beliebige Formen schneiden und diese mit einer Glasur überziehen, für die man Glykose und Tunkmasse im heißen Obers auflöst, in das man zum Abschluss die Butter untermengt.

Hotel Sacher
Sacher Hotels Betriebsgesellschaft m.b.H.
Philharmonikerstraße 4
A-1010 Wien
Telefon 00 43 (0) 1 / 51 45 60
Telefax 00 43 (0) 1 / 51 45 68 10
www.sacher.com

Grand Cru Neubau

Schokolade muss man mit allen Sinnen essen, vor allem muss man sie langsam essen. „Man muss die Möglichkeit haben, etwas zu stoppen, damit man die Musik der Schokolade hören kann. Sie ist nicht besonders laut, aber vielschichtig und auch vielfältig", sagt Karl Peter Egger, dessen „Grand Cru" 400 bis 450 Variationen der Köstlichkeit verfügbar hält. Die Schokoladenmonate sind September bis Mai, doch auch im Sommer kann man sich von ihm durch das Schlaraffenland namens Kakao führen lassen. Das hat fünf Hauptstädte: Paris, Barcelona, Brüssel, New York und Tokio. Wien ist nicht darunter, was wiederum der Auslöser für den Quereinstieg des gelernten Maschinenbauers in den Spezialitätenhandel war. Als Importeur von Schokolade, Tee und Kaffee der absoluten Spitzenklasse machte er Österreich mit Schokolade mit einem Kakaoanteil jenseits der 80%-Marke bekannt.

„Schokolade zu produzieren ist so kompliziert wie das Keltern von Spitzenweinen. Erfahrung und Wissen allein reichen nicht aus. Man braucht auch zumindest einen Compositeur, der das Äquivalent zu den „Nasen" in der Parfumerzeugung ist." Das „Grand Cru" importiert internationale Spitzenschokoladen, sowohl reine Sorten als auch Kompositionen. „Jedes Land hat seine Eigenarten. Das Temperament der italienischen Schokolade ist maskulin und rassig, während die französische durch feminine Anmut und blumigen Charakter besticht." Man wähnt sich fast in einer Kunsthandlung, lauscht man den Ausführungen des Experten. Maestro Giraudi fertigt etwa Bonbons, die aussehen wie kleine Skulpturen, Monsieur Michel Cluizel fügt den Tafeln immer echte Bourbonvanille bei, Bonnat niemals, Green&Black's Milk bekommt Konkurrenz durch die Schotten von „kshocolât", die den Generationswechsel mit avantgardistischen Kreationen wie „Weiße mit Limone und Pfeffer" anzeigen. Natürlich ist auch die „Chuao" aus Venezuela im Angebot, eine der seltensten und besten Schokoladen der Welt.

Um das alles richtig genießen zu können, bedarf es schon einiger Hilfestellung, wie sie in Sensorik-Seminaren für Laien wie Profis gegeben wird. „Jeder Österreicher soll zumindest die Chance haben, einmal im Leben zu erfahren, was Schokolade wirklich ist." Karl Egger erinnert sich gerne an seine Initiation in die wunderbare Welt der Kakaokultur. „Es war in Paris im Jahr 1997 und ich bestellte ‚Heiße Schokolade'. Unendlich liebenswürdig lächelte mich die Mademoiselle an und fragte: ‚Und welche wünschen Sie?'. Ich wählte irgendetwas. Was dann auf den Tisch kam, war eine Offenbarung." Und der Anfang eines neuen Lebens, das mit der Gründung des Spezialitätengeschäftes 1998 seinen ersten Höhepunkt fand. Das schönste Kompliment erhält Karl Peter Egger übrigens ausgerechnet von Diabetikern. „Wenn sie mir sagen, durch meine Schokoladen können sie wieder Aromen genießen, die sie schon für immer verloren glaubten, macht mich das besonders stolz. Denn Diabetiker haben den feinsten Gaumen."

HEISSE SCHOKOLADE
(für 1 Person)

Zutaten
20 g Schokopulver
200 ml Milch
3 cm Vanilleschote
1 Stange Zimt

Zubereitung
Milch im Edelstahlgefäß auf mittlere Hitze erwärmen. Vanilleschote der Länge nach aufschneiden, auskratzen, das Mark in die Milch geben. Bei der ersten Bläschenbildung vom Herd nehmen. Das Schokopulver mit dem Schneebesen einrühren. Die ausgekratzte Vanilleschote in die vorgewärmte Steinguttasse geben, den Schokotrunk einfüllen. Mit der Zimtstange zum Umrühren servieren.

Grand Cru
Kaffee – Tee & Mehr
Karl Peter Egger
Kaiserstraße 67
A-1070 Wien
Telefon 00 43 (0) 1 / 5 24 13 10
Telefax 00 43 (0) 1 / 5 24 07 92
www.grandcru.at

Straussdenkmal im Stadtpark

Grand Cru
Kaffee – Tee & Mehr
Karl Peter Egger
Kaiserstraße 67
A-1070 Wien
Telefon 00 43 (0) 1 / 5 24 13 10
Telefax 00 43 (0) 1 / 5 24 07 92
www.grandcru.at

Café Gloriette Hietzing

Vor dem Frühstück liebte sie es auszureiten, und man kann sich gut vorstellen, wie sie kerzengerade im Damensattel sitzend die Serpentinen hinaufjagte, um dort oben auf der Anhöhe über dem Schloss Schönbrunn seufzend eine Tasse Tee oder Kaffee zu sich zu nehmen, den Blick sehnsüchtig über die Stadt zum Wienerwald gerichtet. Sisi, die Kaiserin mit dem Taillenumfang nur etwas über jener der Kragenweite eines kräftigen Mannes, begegnete hinter den Glaswänden der zierlichen „Gloriette" manchmal dem Kaiser, der hier bei einem kräftigenden Morgenmahl Vorbereitungen für die Staatsgeschäfte traf. Wem der Fußmarsch hinauf zum luftigen Gartenhaus zu beschwerlich ist, der nimmt die drollige Schönbrunner Panorama Bahn, die Besucher über mehrere Stationen direkt zur „Gloriette" bringt. Das Café mit der ungewöhnlichen Sperrstunde befindet sich seit 1996 im Mittelteil des Lusthauses, dessen Verglasung nach den originalen Entwürfen wieder hergestellt wurde. Imperiales Rot herrscht in dem ehemaligen Speisesaal des Kaisers vor, in gemütlichen Nischen vor dem Hintergrund der erwachenden Stadt und des barocken Schlossparks genießt man die „Schale Gold", das frische Kipferl oder Mohnstriezerl, die Kaisersemmel mit Butter und Marmelade oder wählt Pikantes vom reichhaltigen Büfett. Zuvorkommend umsorgt werden die Gäste dabei von der Mannschaft um Geschäftsführer Wolfgang Tentschert. Samstags, sonntags und an Feiertagen frühstückt man kaiserlich bei klassischer Live-Musik. Dass dieses Ambiente samt den Terrassen ganzjährig gerne für Feiern und Festlichkeiten aller Art gebucht wird, versteht sich. Für Hochzeiten, Firmenfeste, Geburtstagsfeiern oder Familientreffen, für Präsentationen und Abschlussfestlichkeiten lässt sich kaum ein stilvollerer Rahmen finden. Für das leibliche Wohl sorgt dabei die hauseigene Backstube unter der Leitung der Konditormeisterin Monika Lechner. „Unsere Sisi-Torte ist eine Kreation aus jenen feinen Zutaten, von denen man weiß, dass auch die Kaiserin Elisabeth sie gerne hatte, wie Orangen- und Nougatcreme. Ihr Lieblingsgeschmack waren aber wohl kandierte Veilchen, die darum auf dem Sisi-Marzipanguglhupf aus unserem Haus, den es auf Vorbestellung gibt, nicht fehlen dürfen", sagt die Backstubenleiterin, die bei all ihren Produkten ohne künstliche Zusatzstoffe auskommt. So natürlich auch bei der Gloriette-Torte, auf deren Kokosboden eine Eierlikör-Schokoladencreme sitzt, womit der Tag – oder der Abend – dann so richtig in Schwung kommen kann. Bis zum Sonnenuntergang muss sie aber aufgegessen sein, denn da hat die „Gloriette" ihre Sperrstunde.

SISI-MARZIPANGUGLHUPF

Zutaten

50 g Marzipan
7 Dotter
200 g Butter
140 g Staubzucker
1 Pck. Vanillezucker
90 g Aranzini, fein gehackt
5 Eiklar
80 g Kristallzucker
Prise Salz
100 g Mehl
100 g geschälte, geriebene Mandeln

200 g Himbeermarmelade
250 g dunkle Schokolade
kandierte Veilchen, gehackt

Zubereitung

Marzipan mit zwei Dotter cremig rühren, mit Staubzucker, Butter und Vanillezucker schaumig schlagen. Restliche Dotter nach und nach beigeben, Aranzini untermengen. Fünf Eiweiß mit Kristallzucker und einer Prise Salz zu Schnee schlagen, unter die Marzipanmasse mischen, Mandeln und Mehl unterheben. Bei 180 °C ca. 40–45 Minuten backen. Auskühlen lassen, mit erwärmter Marmelade, danach mit zerlassener Schokolade einpinseln. Veilchen darüberstreuen.

Café Gloriette
Betriebs GmbH
Schlosspark Schönbrunn
A-1130 Wien
Telefon 00 43 (0) 1 / 8 79 13 11
Telefax 00 43 (0) 1 / 9 79 13 11 11
www.gloriette-cafe.at

Süße Inspirationen im Wiener Tanz

„Wiener Bonbons, Walzer op. 307" (Johann Strauss Sohn)

Im Café beim Naschmarkt bestellt man sich an einem Abend wie diesem heiße Schokolade mit Schlag und vielleicht einen warmen Apfelstrudel dazu. Draußen pfeift der Herbstwind und drinnen lauscht man chilligen Klängen, während zwei DJs sich Gedanken über ihre Inspirationen machen. „Nach intensiven Genüssen, zum Beispiel auch von Schokolade, kommen mir die besten Ideen", sagt John Megill, in Wien beheimateter Kanadier. „Aber die wahre Nahrung ist die Musik, denn ohne Melodie verhungert man und ohne Beats verdurstet man." Wenn Megill oder Alex Deutsch alias „aleX-drum" ihr „Buffet" aus Tonträgern und Boxen aufstellen, benötigen sie dazu nicht viel mehr Platz, als die Fläche eines kleinen Kaffeehaustisches in irgendeinem Winkel des Lokals.

So wie früher, als die ersten Gasthausmusiker mit Flöten, Lauten oder Schalmeien für einige Kreuzer aufspielten, ist kein Podium vonnöten. Um 1770, als das Walzertanzen in Wien groß in Mode kam, wurden dann die Kaffeehaussessel verrückt, um Platz für die Tanzfläche zu schaffen. Die ausladende Haltung der Paare, die sich mit einem Arm umfassen und den anderen bei ineinandergelegten Händen weit von sich strecken, um sich rhythmisch im Dreivierteltakt zu wiegen, ließ Zeitgenossen vom Walzertanzen als „Kaffeereiben" sprechen, wohl weil die Bewegung an das Mahlen der Bohnen erinnert.

Johann Strauss Vater und seine Söhne spielten im darauffolgenden Jahrhundert in Vorstadtcafés wie auch in den riesigen Tanzsälen, von denen manche bis zu 8 000 Menschen fassten und die zum Teil mit Bassins, lebenden Bäumen und mehreren Küchen ausgestattet waren. Auch die vornehmen Hofbälle verzichteten bald nicht mehr auf die Walzerklänge. Zwar gab es dabei kein reguläres Souper, aber die Hofköche, Hofzuckerbäcker und Kellermeister hatten mit den kalten und warmen Buffets in den Zimmerfluchten der Hofburg alle Hände voll zu tun. Jedem Gast wurde vom Obersthofmeister eine vom Hofzuckerbäcker gestaltete Ballspende überreicht. Da manche Besucher der Versuchung, sich die süßen Inhalte der eleganten Demel-Sackerln gleich auf

der Zunge zergehen zu lassen, widerstanden, können heutzutage immer wieder einige dieser Souvenirs im Dorotheum ersteigert werden.

„Wiener Bonbons", ein Wiener Walzer mit Pariser Flair von Johann Strauss Sohn, entstand anlässlich eines solchen Balles im Jahr 1866. Zu dem Titel mögen den Komponisten in der Tat diese süßen Ballspenden inspiriert haben, aber seine Melodien schrieb er nach eigener Aussage am liebsten in stürmischen Nächten, bei dem ein oder anderen Glaserl Wein. Je wilder die Gewalten vor seinem Fenster tobten, desto mehr Einfälle hatte er. Anders als Mozart, der ein begeisterter Tänzer war, konnte Johann Strauss nicht tanzen, doch er lud des Öfteren zu Abendgesellschaften. Seine Gäste sollten möglichst „wenig sprechen beim Essen und die Torte nicht mit dem Messer essen."

Der Musiker aleX, der mit seiner Band „Café Drechsler" einen Amadeus-Award gewann, plant eine neue Produktion, die unter anderem von den typischen Wiener Kaffeehausspeisen inspiriert sein wird. „Es macht mir Spaß, an einem Ort zu spielen, wo Menschen Kunst nicht erwarten. Dazu eignet sich das Kaffeehaus besonders gut." Auch „Kruder & Dorfmeister", zwei Wiener DJs von Weltruf, sagten über sich selbst in einem Spiegel-Interview: „Wir sind Kaffeehausmusiker." Eine ihrer Produktionen heißt „Chocolate Elvis Dub" und zeigt auf dem Cover eine Schokoladenstatue des King of Rock `n Roll, Elvis Presley.

Fanny Elßler, anmutigste Zeitgenossin des Walzerkönigs und weltberühmte Wiener Tänzerin, hätte die Statue ihrer Taille wegen wohl nicht vernascht, reiste jedoch grundsätzlich mit einem siebenteiligen Kaffeemaschinenset aus Messing, Glas und Holz um den Globus. Eine böhmische Porzellanmanufaktur erwies ihrer Kunst mit einer Schokoladentasse die Reverenz.

Vor dem nächtlichen Café geht der Regen schon in Schnee über und legt sich auf den Asphalt wie Staubzuckerflocken, die auf heißer Schokolade schmelzen. Johann Strauss würde in dieser Nacht mindestens eine Melodie einfallen. Und der DJ fände die passenden Beats auf Anhieb.

Straussdenkmal im Stadtpark

Straßenkünstler am Stephansplatz

Café Dommayer Hietzing

Es war ein Oktobertag, im nahe gelegenen Schönbrunner Schlosspark hatte der Herbst die Blätter schon rot und golden gefärbt, als ein fescher Technikstudent das „Casino Dommayer" betrat, um, gegen den Willen seines Vaters, sein Debüt als Kapellmeister zu geben. Ein Geigenkasten klemmte unter seinem Arm, um den Vatermörderkragen kringelten sich dunkle Locken. Ein Rebell schlug an jenem denkwürdigen Tag den Auftakt. Nach dem Schlussakkord verbeugte sich ein König. Sein Name: Johann Strauss. Sein Reich: der Walzer.

Das „Café Dommayer", in dem 1844 durch Johann Strauss Sohn eines der bemerkenswertesten Debüts der Musikgeschichte stattfand, gibt es noch. Nur wenige Schritte vom ursprünglichen Standort entfernt errichtete Anfang des 20. Jahrhunderts einer der Nachfolger des damaligen Besitzers ein elegantes Lokal, das in einzigartiger Weise die Atmosphäre dieser Zeit bewahrt und ein Zentrum des gesellschaftlichen Lebens im Nobelbezirk Hietzing blieb. Seit 2006 kann man im traditionsreichen „Dommayer" das Angebot der Küche und der berühmten Backstube der „Kurkonditorei Oberlaa" genießen. Im Schanigarten vor dem Haupteingang trifft sich die Jugend, Mütter schalten im Gastraum bei köstlichen Törtchen in rotsamtenen Nischen vom Alltag ab, mondäne Freundinnen verabreden sich unter Kristalllustern bei Mocca oder einem Kännchen Tee zum Bummel, Manager tauschen bei Einspänner oder Melange Projektideen aus und Großeltern reichen Urlaubsbilder der Enkel über das Plundergebäck. Das reichhaltige Angebot der Backstube der „Kurkonditorei Oberlaa" variiert je nach Saison, höchste Qualität und bester Geschmack ist oberstes Prinzip. Alle süßen Köstlichkeiten gibt es auch zum Mitnehmen. Wiener Schnitzel vom Kalb, Würstel, Ravioli, aber auch Salate und Suppen stehen bei größerem Hunger zur Wahl. Natürlich werden auch die beliebten warmen Mehlspeisen wie die Topfenknödel mit Zwetschkenröster, die Buchteln oder der Kaiserschmarrn zu einem herrlichen Hauptgericht.

„Drauß´d in Hietzing is´a Remasuri", heißt es in der Strauss-Operette „Wiener Blut" und auch das blieb erhalten. Samstags liefern die Wiener Walzermädchen mit ihren Geigen und den nostalgischen Strohhüten, das Kaiserwalzer Duo oder ein Pianist den passenden Ohrenschmaus. Die Geigenklänge von Johann Strauss Vater und Sohn, von Ziehrer, Stolz oder Lanner, der hier seinen Walzer „Die Schönbrunner" uraufführte, flirren bei gutem Wetter über den großen Gastgarten mit seiner schönen Jugendstilveranda. Kein Wunder, dass dieser romantische Platz mit dem Musikpavillon schon zahlreichen Filmproduktionen als Kulisse diente, wenn k.u.k. Lokalkolorit oder ein Hintergrund für Szenen der noblen Wiener Gesellschaft der Kaiserzeit gewünscht wurde. Was Stammgäste, und deren gibt es in diesem Altwiener Kaffeehaus sehr viele, am „Dommayer" vor allem schätzen – die große Auswahl nationaler und internationaler Zeitungen und Zeitschriften, die klassischen Kaffeevariationen, die freundliche Bedienung, das Plaudern oder auch die Ruhe in einer gepflegten Umgebung – macht einen zusätzlichen Reiz des Lokals aus. Wenn Wiener ihre Gäste auf ein Stück echtes Wien einladen möchten, ist das „Café Dommayer" mehr denn je eine ihrer bevorzugten Adressen. Weil Schönbrunn so nahe ist, kann man von hier aus nämlich sehr leicht auch einen längeren Ausflug in die gute alte Zeit unternehmen.

Café Dommayer
Kurkonditorei Oberlaa
Auhofstraße 2
A-1130 Wien
Telefon 00 43 (0) 1 / 8 77 54 65
Telefax 00 43 (0) 1 / 8 77 54 65 20
www.dommayer.at

Kurkonditorei Oberlaa Innere Stadt

Den Liebesgarten säumen Pappeln, ganz so wie es die Landschaftsarchitekten 1974 anlässlich der Wiener Internationalen Gartenschau geplant hatten. Der Kurpark Oberlaa, ein beliebtes Erholungsgebiet im Süden der Stadt, wurde damals rund um die Thermalquelle bis ins kleinste Detail entworfen. Doch als alles soweit fertig war, mussten sich die Veranstalter fragen, wo die Gäste ihren Hunger stillen sollten. Die Antwort auf diese Frage war die Eröffnung der „Kurkonditorei Oberlaa", einer Konditorei am Rande des Kurparks. Der Patissier Karl Schuhmacher wurde damals beauftragt, für die lukullischen Genüsse der Gartenschaubesucher zu sorgen und schuf binnen kürzester Zeit ein reiches Sortiment an feinsten Mehlspeisen, Kuchen, Torten und Konfekt. Wie gut die Patisserie und Konfiserie war, sprach sich schnell herum und der Wunsch, die Süßwaren aus Oberlaa auch in anderen Bezirken Wiens zu genießen, wurde immer lauter. Endlich eröffnete 1985 im ersten Bezirk das elegante „Stadthaus" der „Kurkonditorei Oberlaa" am Neuen Markt. Das alte Haus wurde sorgsam den Bedürfnissen einer Konditorei angepasst, erhielt im ersten Stock heimelige Gasträume mit Thonetmöbeln und Logen vor den Fenstern, von denen man auf den schönen Platz, auf Barockfassaden und enge Gässchen sehen kann. An Sommertagen kann man die Spezialitäten aus der berühmten Backstube auch unter den Sonnenschirmen des großen Schanigartens genießen. Im Erdgeschoss, hinter den stadtbekannt schönen Auslagen, werden die süßen Verführungen, die allesamt ohne künstliche Konservierungsstoffe und Geschmacksverstärker hergestellt werden, in großzügigen Vitrinen präsentiert. Die Backstube und Patisserie ist nach wie vor draußen in Oberlaa beheimatet und beliefert die mittlerweile sieben Stadtadressen der Konditoreien. Unter der Leitung von Vinzenz Bäuerle, einem Schüler Karl Schuhmachers, rühren zahlreiche Konditoren den berühmten Schokerlkuchen und würzen – hier ganzjährig – den Sauerteig von Italiens beliebtem Festtagskuchen „Panettone" mit Arancini und Rosinen, um ihn dann mit knuspriger Mandelmasse zu bedecken. Oder sie schichten für die hauseigene „Oberlaa Kurbad Torte" Nussmasse ohne Mehl abwechselnd mit Milchschokoladenoberscreme und glasieren sie dann mit Nougat. Sie rühren Schokoladenmasse für die Trüffel-Torte, bestreichen die leichte Sandmasse der Frucht-Torte mit Vanillecreme, belegen sie mit Beeren, Pfirsichen oder Kirschen. In den Kurkonditoreien kann man dem Jahreskreis mit Süßspeisen folgen. Im Herbst kommt eine Schicht Schokoladenmasse auf Buttermürbteig und ergibt zusammen mit Maronimousse und Kastanienreis die „Maroni-Obers Torte" – und wenn am Laaerberg die ersten Schneeflocken auf die Koniferen rieseln, dann zuckert man in der Backstube die Christstollen, füllt die Lebkuchentorte mit Marillen- oder Himbeermarzipan, zieht für das Früchtebrot den Germteig hauchdünn aus, bäckt Maronikipferl oder glasiert Maroniherzen. Die Dosen für das berühmte Konfekt der Patissiers von Oberlaa tragen dann goldene Sterne und die Schleifen der Bonbonnieren zeigen romantische Szenen aus Alt Wien. Sie enthalten eine Auswahl aus 30 Konfektvariationen, wie Champagner-Trüffel, Nougat-Weichkrokant, Grand Marnier, Erdbeer, Ingwer-Marzipan, Jamaica, Flieder, Griotte oder Blätterkrokant. Teeliebhaber erfreuen sich an der duftenden Praline Tee mit herrlichem Earl-Grey Aroma.

Die LaaKronen, nach der letzten Silbe des Namens der Konditoreien benannt, sind die Makronenspezialität des Hauses „Oberlaa": pastellfarbene, knusprige, innen jedoch weiche Baisers mit feinster Creme gefüllt. Da zergeht der frisch-fruchtige Geschmack reifer Himbeeren auf der Zunge, da schmilzt feinster Nougat auf dem Aroma von Mandeln und gerösteten türkischen Haselnüssen, 70 %ige Schokolade spendet einer Pariser Creme intensiven Geschmack, bitter-aromatische Mokkacreme harmoniert mit Mandeln, italienische Pistazien geben zartgrünen LaaKronen einen unverwechselbaren Charakter, fruchtige Zitronen, süßsaure schwarze Ribisel und erfrischende Orangen mischen sich zur Zucker-Mandelmasse und verleihen den verschiedenen Sorten ihre duftigen Farben.

Wer trotz viel Süßem Lust auf etwas Pikantes verspürt, für den bietet die Küche in den meisten Konditoreien neben Tagesgerichten und Brötchen auch Klassiker wie den Altwiener Suppentopf, Geflügelsalat oder Räucherlachs mit Oberskren. Hier garniert man noch die fast schon vergessene Schinkenrolle und serviert das Kalbsrahmgulasch mit Nockerln. Alles das und noch viel, viel mehr kann man sich auch nach Hause oder ins Büro, zu einer Veranstaltung oder Familienfeier liefern lassen. Viele Feste werden mit einer der wunderschönen, kunstvoll dekorierten Torten aus dem Hause „Oberlaa" gekrönt. Im Jahr 2006 wurde dem Süßspeisenimperium das legendäre Altwiener „Café Dommayer" in Wien-Hietzing angegliedert.

TOPFENKNÖDEL MIT BRÖSEL

(15 Portionen á 2 Stück)

Zutaten

470 g trockener Topfen (10% Fett)
180 g weiche Butter
120 g Eigelb
90 g Eiweiß
35 g Kristallzucker
18 g Vanillezucker
4 g Salz
300 g Sauerrahm
210 g getrocknetes, entrindetes, würfelig geschnittenes Weißbrot
180 g Mehl
90 g Grieß

für die gerösteten Brösel:

300 g Butter oder
250 g Butterschmalz
300 g Semmelbrösel
30 g Kristallzucker
20 g Vanillezucker

für die Beilage:

150 g flüssige Butter
Vanillepuderzucker zum Nappieren
900 g Fruchtsoße, Zwetschkenröster oder Kompott
Schlagobers

Zubereitung

Den passierten Topfen mit der Butter, Eigelb, Eiweiß, Kristallzucker, Salz und Vanillezucker kurz in der Rührmaschine mischen. Die restlichen Zutaten einrühren, zwei bis drei Stunden kühl stellen, danach nochmals mischen und zu Knödeln formen. In einem großen Topf leicht gesalzenes Wasser zum Kochen bringen, die Knödel darin kurz aufwallen und nahe dem Siedepunkt je nach Größe der Knödel circa zehn Minuten ziehen lassen, bis sie gar sind. Nach dem Herausnehmen kurz abtropfen lassen.

Für die Brösel erhitzt man die Butter oder das Butterschmalz, gibt dann Semmelbrösel, Kristall- und Vanillezucker dazu bis der Zucker karamellisiert, die Brösel knusprig sind und aromatisch duften. Man kann die Brösel auch mit gerösteten, grob geriebenen Haselnüssen bzw. Mandeln mischen oder mit Zimt aromatisieren.

Die Knödel in den gerösteten Bröseln wälzen und je zwei Stück auf Zwetschkenröster oder Erdbeersoße anrichten, mit Schlagobers garnieren.

Oberlaa Konditorei GmbH & Co KG
Seilergasse 15
A-1010 Wien
Telefon 00 43 (0) 1 / 51 21 72 00
Telefax 00 43 (0) 1 / 5 12 17 20 60
www.oberlaa-wien.at

SchokoLadenWerkstatt Innere Stadt

In der romantischen Ballgasse im Franziskanerviertel gibt es eine Werkstatt der Verführung. Über alte Pflastersteine aus jener Zeit, als hier unternehmungslustige Wienerinnen und Wiener in Kutschen zu den Tanzsälen fuhren, geht es zu den dicken Mauern und den dunklen Holzläden der „SchokoLadenWerkstatt". In der Vitrine des vorderen Verkaufsraumes weisen handgeschriebene Kärtchen auf den Inhalt der hausgemachten Verführungen hin, zum Beispiel auf die „Schneetrüffel", die wie Eiskonfekt schmeckt, wogegen die „Chilitrüffel" eine echt „heiße" Sensation ist, auf die Schokospitze, die Pralinen und Kekse. Brigitte Ullmann, die sich 2006 mit diesem Geschäft einen lang gehegten Traum erfüllte, nimmt ein kleines Päckchen mit nach Schweizer Rezept gefertigten Pralinen vom Präsentiertisch hoch. Das Zellophan knistert, als sie die kostbare Schleife ordnet. „Solche Dinge verschenkt man doch zu besonderen Anlässen. Der Aufwand für die Verpackung lohnt sich da natürlich." Täglich werden die Waren aus der hauseigenen Konditorei frisch geliefert, wo Herr Ullmann als Chef der Patisserie die Kreationen seiner Frau umsetzt. Dem gelernten Maschinenbauer und ehemaligen Berufsfeuerwehrmann erschloss sich die Welt des süßen Handwerks bis zur Meisterschaft im Betrieb seiner Schwiegereltern. Der Perfektionismus des Technikers ist ihm erhalten geblieben und so sind nicht nur die Bonbons aus seiner Manufaktur makellos. Von deren gutem Geschmack kann man sich schon vor dem Kauf überzeugen, denn überall stehen Schälchen mit Kostproben. In der kalten Jahreszeit wird den Gästen sogar heiße Schokolade als Willkommensgruß gereicht, die man im hinteren Raum auf den kuscheligen Fauteuils langsam schlürfen kann. „Der Besuch in meinem Geschäft sollte ein kleines Erlebnis mitten im Alltag sein, wobei alle Sinne angesprochen werden. Man soll sich in Ruhe umsehen, den Duft der Schokolade riechen, ihr Knacken beim Brechen hören. Man soll mit Genuss seine Wahl treffen, aber auch ein wenig in eine andere Welt treten." Und dort dann die samtige Hülle der gestaubten Trüffel fühlen, ihre Aromen schmecken. Sie werden nur mit Alkohol konserviert, den man bei manchen Sorten, wie der edlen Trinidadtrüffel, nicht schmeckt. Liebhaber von Süßigkeiten finden hier außerdem eine große Auswahl an handgeschöpften Schokoladen, getunkten Früchten sowie viele andere klassische Köstlichkeiten. Nichts geht aber den zahlreichen Stammkunden über die speziellen Kreationen des Hauses, wie den Franziskanerstollen, eine Schokolade umhüllte Trilogie aus Nougat, Pistazien und Amarettomarzipan. Es verwundert nicht, dass die Schritte so mancher Wien-Besucher, die in die Ballgasse 4 verwiesen werden, wenn sie nach einem außergewöhnlichen Shoppingerlebnis fragen, nach dem Verlassen dieser Werkstatt der Freude denen Tanzender gleichen.

PISTAZIEN-MARZIPANHERZEN

Zutaten

500 g Rohmarzipan
Amaretto nach Geschmack
100 g gehackte Pistazien
400 g Kuvertüre
Staubzucker
Herzausstechform

Zubereitung

Marzipan mit Amaretto und Pistazien vermengen. Auf einer mit Staubzucker bedeckten Fläche circa 0,5 Zentimeter dick ausrollen. Ausstechform in Staubzucker tunken und Herzen ausstechen. Kuvertüre über Wasserdampf vorsichtig schmelzen, danach unter ständigem Rühren erkalten lassen. Herzen in Schokolade tunken und auf einem Abtropfgitter erstarren lassen.

SchokoLadenWerkstatt
Brigitte Ullmann
Ballgasse 4
A-1010 Wien
Telefon 00 43 (0) 1 / 5 13 39 31
Telefax 00 43 (0) 1 / 5 13 39 31
www.schokoladenwerkstatt.at

Kaffee Konditorei Hübler Hernals

Ecke Taubergasse/Lorenz Bayerplatz gibt es einen Magneten, der aus Duft besteht. Schokoladenduft, warm, süß und verführerisch. Ein Schanigarten unter einem mächtigen Kastanienbaum gleich neben dem weitläufigen Park samt Kinderspielplatz lädt zum Verweilen in der gemütlichen Konditorei ein, die hier seit 1955 steht. Damals zogen Hans und seine Frau Maria Hübler aus der Steiermark nach Wien und der ehemalige Backstubenleiter verschiedener österreichischer Nobelkonditoreien machte sich mit einem kleinen Zuckerlgeschäft auf knapp 15 Quadratmetern selbständig. Heute steht den Gästen das gesamte Erdgeschoss des schönen Altbaus zur Verfügung. „Mein Vater vermittelte meinem Bruder und mir, dass Fleiß und Einsatz zu Erfolg führen“, sagt Alexander Hübler, der zusammen mit seinem älteren Bruder Manfred seit 2006 das Geschäft führt. „Manchmal produzierte er 18 oder sogar 20 Stunden am Tag. Er hat uns viel von seiner Freude am Beruf mitgegeben.“ Beide Söhne lernten vom Vater das Handwerk von der Pieke auf und legten die Konditormeisterprüfung ab – während jeder für sich so nebenbei Staatsmeister im Eistanzen wurde! Mittlerweile schlagen sie gemeinsam in der Backstube Eier auf, kneten Teig oder schnürdeln Schokolade, denn serviert wird nur Handgefertigtes und Hausgemachtes. Selbst das Brot für die pikanten Sandwichs stammt aus der eigenen Backstube. Absolute Favoriten bei den zahlreichen Stammgästen sind neben der Hüblertorte vor allem die Vanillecremeschnitte mit knusprigem Blätterteigboden und die Schokomoussetorte. Das französische Rezept für die einzigartige Japonaisetorte brachte Hans Hübler aus der Ferne nach Wien. „Unser Ziel ist es, die Tradition des Vaters zu pflegen und zu erhalten, und das möglichst noch für die nächsten 50 oder 100 Jahre. Never change a winning system.“ Zu diesem Gewinnersystem gehört auch der persönliche Umgang mit den Gästen, bis heute Maria Hüblers Domäne. Stundenlang sitzen, die Hektik des Alltags vergessen, plaudern, die Seele baumeln lassen, es sich einfach gut gehen lassen, das sollen die Gäste hier tun können. Ihnen etwas mehr zu bieten als süße Köstlichkeiten, gehört nämlich auch zum Lebenswerk Hans Hüblers, dem sich seine Söhne verpflichtet fühlen.

HÜBLERS JAPONAISETORTE

Zutaten
90 g Ribiselmarmelade
600 g Marzipan
zerlassene Schokolade (nach Belieben)

für die Doboschmasse (1 Blatt):
30 g Butter
6 g Puderzucker
1 Eigelb
1 Eiweiß
25 g Kristallzucker
25 g Mehl
Vanille, Salz, Zitrone

für die Japonaisemasse (5 Blätter):
5 Eiweiß
150 g Kristallzucker
130 g geröstete Haselnüsse
30 g Mehl

für die Marzipan-Marillenlikör-Creme:
500 g Schlagobers, 15 g Gelatine, 40 g Wasser
100 g Marzipan, 100 g Puderzucker, Marillenlikör

Zubereitung
Für die Doboschmasse Butter, Puderzucker, Vanille, Salz und Zitrone schaumig rühren und langsam das Eigelb einmengen. Eiweiß mit Kristallzucker zu Schnee schlagen, die Massen mischen und Mehl einmelieren. Für die Japonaisemasse Eiweiße mit Zucker aufschlagen und die Haselnüsse zusammen mit Mehl unterheben.
Dobosch- sowie Japonaisemasse getrennt auf befettete und gestaubte Bleche zirka acht Millimeter hoch aufstreichen. Nach dem Backen (200 °C) sofort lösen.
Für die Marzipan-Marillenlikör-Creme Marzipan und Zucker mit Marillenlikör streichfähig rühren. In Wasser aufgelöste Gelatine beimengen und das aufgeschlagene Obers unterziehen.
Doboschblatt mit Ribiselmarmelade bestreichen, abwechselnd mit Japonaiseblatt und Creme dünn aufstreichen. Kühl stellen. Mit Marzipan eindecken, mit zerlassener Schokolade schnürdeln, garnieren.

Kaffee Konditorei Hübler
Manfred Hübler
Lorenz Bayerplatz 19
A-1170 Wien
Telefon 00 43 (0) 1 / 4 86 46 40
Telefax 00 43 (0) 1 / 4 89 23 20
www.huebler-wien.info

Hermesvilla im Lainzer Tiergarten

Wald & Wiese Honig- und Trüffelspezialitäten Neubau

Sie schlafen nicht. Niemals. Sie arbeiten und tanzen, ihr Leben lang. Unentwegt schwirren sie drei Wochen lang aus, sammeln Nektar, befruchten Blüten, bauen Waben, kitten, kleben, füllen die Stöcke des Imkers und hören nicht auf, eines der köstlichsten Naturprodukte zu erzeugen, das die Welt hat – Honig. Österreichs Tradition der Forschung und Zucht von Bienen fußt auf Kaiserin Maria Theresias weltweit erster Imkerschule von 1780, die Offizieren vorbehalten war. Der Großvater Kurt Wilhelms, Firmenchef von „Wald & Wiese", erhielt Anfang des 20. Jahrhunderts als k.u.k. Offizier das Imkerprivileg. 1986 übernahmen seine Eltern, Ernst und Waltraud, die Imkergenossenschaft und machten sie zu einem erfolgreichen Privatunternehmen. Die in diesem Familienbetrieb angebotenen Honigwaren, von Biohonigen über Bienenwachskerzen, von köstlicher Honigschokolade bis zu Honigwein und in Honig eingelegten Trüffeln, haben somit traditionellerweise allerhöchste Qualität. Die hauseigene Edelhonigmarke „Honigfein" bietet ausschließlich Biohonige an. Um das „Wald & Wiese" Gütesiegel zu erhalten, garantieren die Lieferanten unter anderem, den Bienen über den Winter den eigenen Honig zu belassen, anstatt ihn durch weit gereisten Biozucker zu ersetzen. Jede Medikamentenzufuhr ist streng tabu. Ein ganz ungewöhnliches Geschmackserlebnis bieten die hauseigenen „Propolis Drops" mit ihrem zarten Vanille- und Mentholaroma, denn sie werden nach einem alten Rezept aus Florenz hergestellt. Wenn die kleinen dunkelvioletten Kügelchen auf der Zunge langsam schmelzen, dann weiß man, warum die Renaissancefürsten für ihren erlesenen Geschmack so berühmt sind.

Wald & Wiese
Honig- und Trüffelspezialitäten
Waltraud Wilhelm
Kaiserstraße 33
A-1070 Wien
Telefon 00 43 (0) 1 / 52 35 37 40
www.waldundwiese.at

Gasthaus Futterboden Penzing

„Grenzen – egal ob Jahre oder Herkunft sie ziehen – sollen hier verschwinden. Vom Baby bis zum Großvater, vom Studenten bis zur Managerin, alle sollen sich bei uns wohl fühlen." In Punkto Vielfalt der Gästeschar wird Nicolas Jerusalem wahrscheinlich nur noch von seinem Urgroßvater übertroffen, dem Erbauer des einstöckigen Vorstadthauses in Penzing. Damals, um 1900, wurden nämlich von hier aus sogar Elefanten verköstigt und der Futterboden im heute noch original erhaltenen Dachstuhl war voll Heu und Kukuruz, voll Hafer und Klee. Nahrung für die Tiere der umliegenden Bauernhöfe und eines Zirkus, der in der Nähe überwinterte. Unter Holzgebälk kann man dort gemütlich zwischen „Alt" und „Neu" sitzen, essen, Zeitungen lesen, eines der zahlreichen Gesellschaftsspiele, die in der Kredenz bereit liegen, spielen, alles zugleich oder noch viel mehr tun. Zum Beispiel auch im ehemaligen Pferdestall dinieren oder Feste aller Art bis 50 Personen bei romantischem Kerzenschein feiern, Seminare und Tagungen abhalten, auf der Großbildleinwand mit Video- und DVD-Equipment Präsentationen verfolgen, im begrünten Hofgarten einen lauen Sommerabend genießen, entspannen, die Seele unter dem Sonnensegel baumeln und sich dabei den naturbelassenen Marillenlikör aus der Wachau auf der Zunge zergehen lassen .... „Wie Schönheit im Auge des Betrachters, so liegt Geschmack auf der Zunge des Genießers", sagt Nicolas Jerusalem, der genau so gerne kreativ wie klassisch kocht und darum eine abwechslungsreiche Karte bietet, auf der etwa neben Spanferkelstelze auch Bananen-Kokoshuhn, Lachstartar mit Koriandergrün und Grießnockerlsuppe stehen können. Eine Mischung aus experimentell-internationaler und traditionell-österreichischer Küche, die er in der Kurkaffee-Konditorei Oberlaa und im Restaurant „Vier Jahreszeiten" des Hotels Intercontinental erlernte, wo er auch Chef Patissier war. Wen wundert es da noch, dass aus seinem Kochlöffel ein süßes Gericht stammt, das „gästeübergreifend" schmeckt? Einmal, so wird erzählt, wagte er es, dieses Gericht von der Karte zu nehmen. Daraufhin soll es zu tumultartigen Szenen gekommen sein. Die Nougatknödel sind seither „Dessert in Resident" im Futterboden.

NOUGATKNÖDEL FUTTERBODEN

Zutaten
350 ml Milch
120 g Grieß
1 Ei
10 g Butter
geriebene Schale von 1/4 Orange
Prise Salz
190 g Haselnußnougat
Schlag, Früchte, Zucker zum Garnieren

für die Nussbrösel:
150 g Butter
220 g Brösel
80 g geriebene Walnüsse
60 g Zucker
15 g Vanillezucker

für das Himbeermark:
200 g tiefgekühlte Himbeeren
30 g Feinkristallzucker
Zitronensaft
ca. 1/4 Zimtstange

Zubereitung
Milch mit Salz und Butter aufkochen. Grieß mit dem Schneebesen einrühren bis eine dicke Konsistenz entsteht. Vom Herd nehmen, etwas auskühlen lassen und das Ei einrühren. Zugedeckt kalt stellen. Aus dem Nougat Kugeln mit etwa 2 cm Durchmesser formen, kalt stellen. Genügend losen Grieß auf einer Arbeitsfläche verteilen, den abgekühlten Grießteig darauf zu einer Rolle formen. In zwölf Scheiben schneiden, Nougat-Kugeln darauflegen, zu Knödeln formen, diese für 3–4 Minuten in siedendes Wasser legen. In der Zwischenzeit alle Zutaten für die Nussbrösel in zerlassener Butter langsam rösten und die Knödel darin wälzen. Für das Himbeermark werden die Himbeeren mit dem Zucker und der Zimtstange aufgekocht, durch ein feines Sieb gestrichen und mit Zitronensaft abgeschmeckt. Zum Servieren kann das Himbeermark kalt oder warm als Unterlage auf dem Teller angerichtet und anschließend die Knödel mit Schlag und Früchten garniert werden.

Gasthaus Futterboden
Nicolas Jerusalem
Flachgasse 5
A-1140 Wien
Telefon 00 43 (0) 1 / 9 24 19 42
Telefax 00 43 (0) 1 / 25 33 03 35 51
www.futterboden.at

Schuberts Köstlichkeiten Margareten

Himbeermarmelade zur Wildpastete? Erdbeere zum Tilsiter? Ja, doch, es schmeckt großartig, denn die kreative Frau Panhofer, die „Schuberts Köstlichkeiten" komponiert, und Marmeladenliebhaber erst einmal in Staunen, dann in Begeisterung versetzt, fügt den Himbeeren Chili bei und ihrer Erdbeermarmelade Pinienkerne, Schalotten sowie einen Hauch Thymian und Rotweinessig. So werden sie zu idealen Begleitern für Hartkäse und Käsefondue, für Leber- und Wildpasteten. Der Leidenschaft eines Wiener Unternehmers für die handgerührten Marmeladen Christine Panhofers verdanken Feinschmecker eine ganze Reihe außergewöhnlicher Köstlichkeiten. Er erkannte, welche Bedeutung für die Qualität der Marmelade auch die Art der Herstellung hat, und so werden in einer ehemaligen Molkerei im Waldviertel, 80 Kilometer nordwestlich von Wien die Marmeladen mit einem Fruchtanteil von 65 % in 10-Liter-Töpfen von Hand gerührt und in kleine Kugelgläser geschöpft. Weder künstliche noch natürliche Aromastoffe werden beigefügt. Die Konservierung erfolgt ausschließlich über den Zuckeranteil, zum Gelieren wird Apfelpektin verwendet. Nicht nur Obst wird hier zu Marmelade, auch Gemüse ergibt köstliche Aufstriche, die man „Chutney" nennt. Zwiebel, Knoblauch, Pfefferoni und auch Paprika eignen sich dazu sehr gut. In diesem Bereich kommen raffinierte Rezepturen zum Einsatz. Die Marille-Himbeere-Ingwer Marmelade ist momentan eine der beliebtesten Spezialitäten, eine fruchtige Mischung mit einem asiatischen Kontrapunkt für den extravaganten Frühstückstisch. Neu auf dem Markt ist die Kirsche-Schoko Chili Marmelade. Schmeichelweiche, dunkle Schokolade ergibt mit fruchtigen Kirschen ein sinnliches Aroma, dem der Tupfer Chili Feuer verleiht wie die Kastagnetten dem Flamenco. Auch Sondereditionen von Marmeladen werden erzeugt. Eine Warnung sei hier aber angebracht, es besteht bei diesen Produkten nämlich Suchtgefahr und ein passendes Entzugsmittel ist noch nicht bekannt. Geht es doch „Schuberts" um nichts weniger als um „die perfekte Marmelade".

Schuberts Köstlichkeiten Schauraum
Franzensgasse 23
A-1050 Wien
Telefon 00 43 (0) 1 / 5 87 38 38-0
Telefax 00 43 (0) 1 / 5 87 45 09
www.schuberts.at

Schokolade und Lebkuchen Manufaktur Brigittenau

Wer kann ihr schon widerstehen, dieser zeitlosen Romantik der Jahrmärkte und Kirtage, wo das Ringelspiel sich unaufhörlich um die eigene Achse dreht, das Kettenkarussell schwindlig macht und wo die Luftballons über dem Tanzboden schweben, wie Träume, die man festhalten möchte? Diese Lebkuchen schmecken besser, die Schaumrollen dort sind krosser und die Hohlfiguren aus Schokolade feiner, unvergesslich eben. Der Schein trügt nicht. An manchen Orten, in kleinen Confiserien oder auch an Jahrmarktsständen, findet man diese Köstlichkeiten längst vergangen geglaubter Zeiten noch. Eine Manufaktur im 20. Wiener Bezirk stellt sie sorgfältig nach alten Rezepturen und auf die traditionelle Art her. Händisch dressiert ein Kakaomaler Zuckerwörter auf Lebkuchenherzen, auf Wunsch malt er ganz persönliche Bilder oder Botschaften, Firmenlogos, Treueschwüre, Wünsche und Gratulationen. Die süße Leinwand, eine Mischung aus Honig und Mehl, die drei Monate rasten muss, bevor sie von Hand geknetet, ausgerollt, ausgestochen und gebacken wird, gibt es seit vielen Jahrhunderten. „Lebzelterei hat eine lange Tradition", sagt Robert Kammerer, der Juniorchef des Familienunternehmens. „In Wien sind wir die Letzten, die sie noch auf die althergebrachte Art pflegen." Herzen sind eine der beliebtesten Formen. Später fädelt eine Mitarbeiterin lange Bänder durch zwei Ösen, damit man sie um den Hals und dann als Andenken an die Wand hängen kann. An traditionellen österreichischen Christbäumen hängen aber auch zuckerverzierte Lebkuchensterne, Schaukelpferdchen oder Engerl. Alle Produkte dieser Manufaktur hinter der Fassade eines schönen Industriebaus aus dem 19. Jahrhundert, von der Schaumkrone, dem Schaumbecher oder der Schaumrolle über den wunderbar bröseligen türkischen Honig bis zu den zahlreichen Lebkuchenvariationen – mit Nüssen, Mandeln, oder Zwetschken, in Schokolade getunkt oder glasiert – kommen ohne Weichmacher oder künstliche Konservierungsstoffe aus. Den Unterschied zu industriell gefertigten Produkten kann man nicht nur schmecken, sondern auch sehen, fühlen, riechen. Vor allem die nostalgisch schönen Schokoladenhohlfiguren legen Zeugnis dafür ab. Geübte Hände gießen flüssige Schokolade in alte Blechformen, wo sie dann zu Osterhasen, Weihnachtsmännern, Nikoläusen oder Krampussen, zu zierlichen Pumps oder derberen Haferlschuhen, zu Geigen und Butten erstarren. Jedes einzelne Stück hat seine kleine Besonderheit, die es unverwechselbar macht. Eine Unregelmäßigkeit in der Lasche, eine Ausbuchtung am Rand der Bergschuhe, eine störrische Bartlocke, irgendetwas in einem der zahlreichen Details der Figuren macht sie einzigartig, genau wie das Stanniolpapier, dessen Vorrat leider begrenzt ist. „Wir haben", sagt die, wie die Eltern ebenfalls im Betrieb tätige Frau Erika, die Tante Robert Kammerers, „als die Firma aufgelassen wurde, den ganzen Vorrat aufgekauft. Solange davon noch Exemplare vorhanden sind, können wir die nostalgischen Figuren produzieren, denn sie sind detailgenau auf die Formen abgestimmt." Um diese Lebkuchen- und Schokoladenmanufaktur ist ein ganz besonderer Zauber, der mit den kleinen Köstlichkeiten in die wirkliche Welt hinaus geschickt wird, um dort Geschichten zu bevölkern, die mit den Worten „Es war einmal" beginnen.

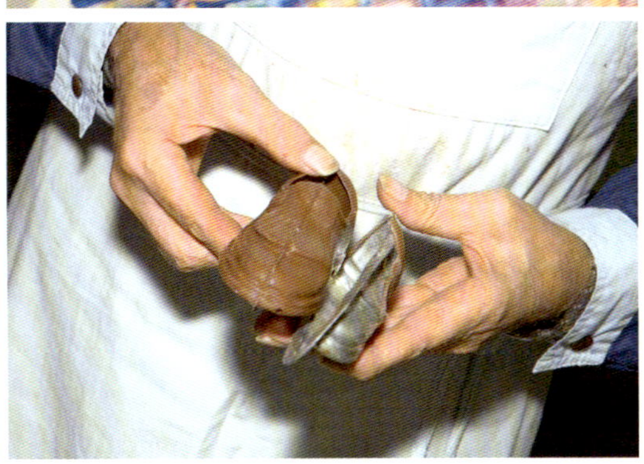

Schokolade und Lebkuchen Manufaktur
Karl Kammerer KG
Robert Kammerer
Dammstraße 39
A-1200 Wien
Telefon 00 43 (0) 1 / 3 30 75 33
Telefax 00 43 (0) 1 / 3 30 75 33 12
www.Wiener-Lebkuchen.at

Meierei im Prater Leopoldstadt

Sie war immer das „andere“ Lokal im Prater, dem alten Vergnügungspark inmitten der Stadt und ist es bis heute geblieben. Es sind nur ein paar Schritte vom Riesenrad hierher, sie führen an Zuckerwattestandl'n und an der Geisterbahn vorbei, an Raumschiffkarussells und Würstelbuden. Doch in dem 1873 zur Weltausstellung erbauten amerikanischen Pavillon mit Blick zu den mächtigen Kastanienbäumen der Hauptallee scheint das alles sehr weit weg zu sein. Hier ist ein idyllischer Ort zum Genießen und Verweilen entstanden, wo man bei einem ofenfrischen Wiener Frühstücksemmerl auf einer der drei großen Terrassen die vorbeilaufenden Jogger beobachten kann. Für den Schatten stehen zur Wahl: bunte Sonnenschirme, große rote Markisen oder ganz naturnah eine wohl an die 100-jährige Föhre, die aus den Steinfliesen ragt. Sollte das Wetter nicht mitspielen, ist im Pavillon genug Platz, wo ein Kamin und goldgerahmte Bilder einen Hauch von „Anno dazumal“ versprühen, als Krinolinen und Korkenzieherlocken en vogue waren.

Zu jenen Zeiten waren die Urgroßeltern Brigitte Holzdorfers k.u.k. Karousellbesitzer und werden vielleicht den einen oder anderen der American Drinks, die hier anfangs ausgeschenkt wurden, gekostet haben. Unter den Besitzern Wille und Mattoni bekam man dann Mineralwasser, bis 1924 die Wiener Molkerei süße und saure Milch anbot. Ab 1950, als die Mutter von Brigitte Holzdorfer den Pavillon übernahm, begann mit Snacks und Milchprodukten der Aufstieg zu dem, was die „Meierei“ heute ist: ein ausgezeichnetes Café-Restaurant mitten im Grünen, das den gehobenen Ansprüchen eines gutbürgerlichen Publikums gerecht wird. Nicht nur originäre Wiener Küche, vom Kalbswienerschnitzel bis zum Tafelspitz, vom Backhendl bis zum ofenwarmen Apfelstrudel, sondern auch internationale Gerichte werden frisch zubereitet. Der Meierei-Wok ist eine Spezialität aus frischem österreichischen Gemüse, das auf asiatische Art zubereitet und mit Kokosmilch und Mango-Chutney verfeinert wird. „Ich habe sozusagen einen Gemischtwarenladen für Speisen. Vom Graved Lachs bis zum hausgemachten Powidltascherl aus Brandteig möchte ich jeden meiner Gäste nach seiner Façon glücklich machen“, sagt die resolute Chefin mit dem unverwechselbaren Stil, die schon immer ihren eigenen Weg ging. Das Wohlfühlen kommt hier an erster Stelle und so blieb die „Meierei“ das „andere“ Lokal im Prater, in dem man wie die Filmemacher fein dinieren oder wie die Spaziergänger leger jausnen kann. Ruhe und Erholung stehen nicht auf der Speisekarte, gehören aber wesentlich zum Angebot. Zwischen Blumenwiesen und Spielplätzen für Groß und Klein kann der Gast dann einem Konzert lauschen, dessen Musiker allerdings nach Lust und Laune erscheinen: Grillen, Amseln, Kohlmeise und Rotschwanzerl. Weil die „Meierei“ den Gästen lieber Authentisches bietet, verzichtet sie auf ein eigenes Veranstaltungsprogramm, wiewohl sie natürlich für Feste jeder Art gemietet werden kann.

„Zum Lied des Stieglitz das Eichkatzerl beim Nüssesammeln beobachten, sich dabei ein Glas herrlichen Weins aus unserem Keller oder eine frisch zubereitete Spezialität aus der Küche munden lassen, das nenne ich ‚Feeling‘. Mir ist es wichtig, die Grundbedürfnisse der Gäste, die oft auch nach einem anstrengenden Arbeits- oder Messetag zu uns kommen, zu stillen.“

365 Tage im Jahr – kann anders sein so schön sein?

Meierei im Prater
Brigitte Holzdorfer
Prater Hauptallee 3
A-1020 Wien
Telefon 00 43 (0) 1 / 7 28 02 66
Telefax 00 43 (0) 1 / 7 26 95 51
www.meierei.at

Süße Inspirationen in der Wiener Literatur

„... mit süßen Träumen auch bewirtet ..." (Ferdinand Raimund)

Gern hätt ich Ihren Schlaf mit süßen Träumen auch bewirtet, doch leider stehn die nicht in meinem Sold", sagt der großzügige Herr Flottwell im „Verschwender", einem Zauberspiel von Ferdinand Raimund aus dem Jahr 1834.

Fast hat es den Anschein, als dürften in der Wiener Dichtkunst nur Träume ungestraft süß sein, bei Speisen ist das nämlich oft ein böses Omen. Selten wird auf der Bühne oder in Büchern Süßes genossen, lieber benützen die Figuren es, um zu erpressen, zu beleidigen, zu beschimpfen, zu verletzen oder zu ermorden. Ein Dramatiker schickt es gar zum Teufel. An der Menge Energie, die in ihm steckt, lässt jedoch kaum ein Literat einen Zweifel.

Ferdinand Raimund begann seine Theaterkarriere im alten Burgtheater am Michaelerplatz, wo er 14-jährig als Numero die Süßigkeiten des Hofzuckerbäckers Jung feilbot. Mit nummeriertem Hut – daher der Name „Numero" – versorgte der Zuckerbäckerlehrling Künstler und Publikum in den Pausen mit Gefrorenem, Sorbets, Faschingskrapfen oder Mandelmilch. In den nach Puder und Staub riechenden Künstlergarderoben, zwischen rauchenden Öllampen und flackernden Kerzen entdeckte das Waisenkind bald schon seine wahre Bestimmung, brach die Ausbildung bei Jung ab, um sich einer Wandertruppe als Schauspieler anzuschließen. Innerhalb kurzer Zeit spielte er sich zu einem der – neben Nestroy – beliebtesten Volksschauspieler hoch, bevor er mit dem Schreiben von Zauber- und Feenmärchen begann, und damit unsterblich wurde.

Als sich der „vazierende Hausknecht" Melchior in Johann Nepomuk Nestroys „Einen Jux will er sich machen" für die grobe Arbeit bei einem Händler bewirbt, verhandelt er um den Lohn. Dabei spielt die Kost, als Teil des Gehalts, eine große Rolle. Kaffee sei ihm bisher zum Frühstück noch immer serviert worden, behauptet Melchior. „Versteht sich süß, und ein Kipfl", das müsse ihm schon gewährt werden, „denn Sie verleiteten mich ja sonst mit Gwalt zu die geistigen Getränck."

Dem Kaffee hingegen widmeten Dichter manche Ruhmeszeile, dem Kaffeehaus schrieben sie Hymnen. Karl

Kraus, Hugo von Hofmannsthal, Stefan Zweig, Arthur Schnitzler, Alfred Polgar, Anton Kuh, vor allem Peter Altenberg, um nur einige wenige zu erwähnen, fanden Inspirationen zwischen Thonetstühlen und Zeitungsregalen bei kleinen Braunen und Brioche. Friedrich Torberg hat viele von ihnen in „Die Tante Jolesch" verewigt, von ihm erfahren wir nicht nur, welch unangenehme Folgen es für einen Gast hatte, der in einem Wiener Kaffeehaus zu Recht (!) behauptete, Zwetschkenröster seien kein Kompott, sondern auch, was „Fladenzores" sind. Sorgen nämlich, die man haben möchte, weil deren Harmlosigkeit mit der quälenden Ungewissheit der Hausfrau zu vergleichen sei, ob der Fladentorte nun noch eine Lage Nussmus oder doch lieber gedünstete Birnen aufzulegen seien.
Mit dem Lob des Süßen hält man sich literarisch bis in unsere Tage zurück. Als Frau Fanny in H. C. Artmanns „Der Onkel Leo" ausrastet, wirft sie die Kaffeehäferln aus dem Fenster. Auf dem Höhepunkt ihrer Raserei segelt zu guter Letzt die Zuckerdose auf den Gehsteig. Und wenn die Frau Amtsrat Reißfleisch und ihre Freundin auf die Mietinteressenten für das Kabinett warten, dann beruhigen sie die Nerven mit Kaffee und Mohnstrudel. Vielleicht werden Leser von Beatrix M. Kramlovsky nach der Lektüre ihrer Geschichte „Ein Jegliches hat seine Zeit" tatsächlich einen Mohnstrudel den Nussecken vorziehen. Diese sind – frisch gebacken und mit feinstem Nussstaub dick bestreut – die ungiftige, aber tödliche Tatwaffe.
Hier isst man sie wenigstens noch, die süßen Köstlichkeiten. Ludwig stopft in Thomas Bernhards „Ritter, Dene, Voss" die Brandteigkrapfen, sein erklärtes Lieblingsgericht, in sich hinein, um sie gleich darauf wieder herauszuwürgen. Obwohl sie mit viel Geschick zubereitet wurden, spuckt er sie der Köchin vor die Füße, und verwandelt sie so in Geschosse, die gegen die Seele zielen.
Eineinhalb Jahrhunderte zuvor ließ Franz Grillparzer den Küchenjungen Leon in „Weh dem, der lügt!" ein ebenfalls vernichtendes Urteil fällen: „Pfui Süßes! Hol der Teufel das Süße!"

dietheater Künstlerhaus

Café Griensteidl am Michaelerplatz

Naber Kaffee Floridsdorf

Ein Fass. Dort in der Ecke der Lagerhalle steht es, es verschwindet fast zwischen den Bergen von Jutesäcken, von denen jeder so um die 60–70 Kilo schwer ist. Aluminiumreifen halten seine Dauben zusammen, die Worte „Jamaica Blue Mountain" sind in sein Holz geflammt. Der Deckel ist geschlossen. Vorsichtig hebt Ernst Naber ihn hoch und wirft einen Blick auf den kostbaren Inhalt. Der ist nicht flüssig und duftet nicht nach Rum, wie der Name vermuten ließe. Er besteht vielmehr aus beigen Bohnen von gleichmäßiger Farbe, mit einem Schimmer ins Grünlich-bläuliche. „Jamaica Blue Mountain" ist einer der besten Rohkaffees, die es gibt, mild im Geschmack und ebenmäßig in der Form. Dies sind die Kriterien, die einem Experten verraten, wie es um die Qualität des Kaffees bestellt sein wird.

„Ohne hohe Qualität der Rohstoffe lässt sich kein wirklich guter Kaffee brauen", sagt der Juniorchef der Traditionsfirma „Naber Kaffee". „Es ist der erste Schritt, aber der ist entscheidend für den Geschmack und auch die Wirkung, die Kaffee dem Genießer beschert." So befinden sich auch in den unzähligen Jutesäcken in der Halle ausschließlich hervorragende Qualitäten aus den besten Kaffeeanbaugebieten der Erde, die hier geröstet, gemischt und verpackt werden.

Wie wächst Kaffee? Kommt er aus der Erde, oder tragen Bäume seine Früchte? Eigentlich sind es gar keine Bohnen, sondern Kerne einer Kirschenart, die rot, manchmal auch gelb ausreift. Bevor sie bei Österreichs Spitzenveredler Naber landen, haben sie schon einen sehr langen Weg hinter sich. Rund um den Äquator wächst Kaffee, die Gattung Robusta in niedrigen Lagen, die edle Arabica hingegegen auf etwa 1000–1600 Seemetern Höhe. Nach der Ernte und Aufbereitung in den Anbauländern, kommt der Rohkaffee auf Containerschiffen in eine der beiden großen europäischen Seehandelsstädte, nach Hamburg oder nach Triest. „Aus diesen beiden Hafenstädten beziehen wir unsere Rohstoffe, wobei wir mit manchen Partnern seit der Gründung der Firma durch meinen Urgroßvater zusammenarbeiten."

1908, vor 100 Jahren, war es, als Georg Naber mit einem Spezereiengeschäft in der Laudongasse den Grundstein für das Familienunternehmen legte, wo er auch Kaffeeextrakt anbot, eine Art Sirup, den man mit Wasser verdünnte. So hielt also der Instantkaffee dank Georg Naber noch zu Zeiten Kaiser Franz Josefs Einzug in Wien, ebenso wie der erste Coffeeshop, denn der Kaufmann bereitete seine Produkte frisch zu und ließ die Kunden vorab an der Theke verkosten. In den 1920er Jahren schaffte er eine Kaffeeröstmaschine an und mischte der gutbürgerlichen Kundschaft der Josefstadt individuelle Sorten nach Wunsch. Der Grundstein für die heutige Firma war gelegt. 1967 zog „Naber" von der Laudongasse an den Stadtrand in das Industriegebiet Strebersdorf, wo ein modernes Röstwerk entstand.

Das Rösten steht nach wie vor im Zentrum des Produktionsprozesses. Es ist für die Qualität des Kaffees von ebenso entscheidender Bedeutung wie der Rohstoff. „Die empfindlichen Bohnen brauchen Zeit, um durch zu garen. In unseren Trommeln werden sie etwa 15 Minuten bei einer langsam ansteigenden Temperatur von 120 °C bis circa 200 °C äußerst schonend geröstet." Dabei verlieren sie ungefähr ein Fünftel an Gewicht, nehmen aber um das Doppelte an Volumen zu. „Es entsteht eine Art Popcorneffekt, der den Bohnen ihren unwiderstehlichen Duft, das satte Braun und den seidigen Glanz verleiht." Um auch alle erwünschten Geschmackskomponenten der Naber Kaffee-Mischungen zu garantieren, senden die Lieferanten aus Hamburg und Triest fast wöchentlich Proben zum Verkosten in kleinen Päckchen nach Wien. Sorgfältig werden sie geprüft, danach entscheiden die beiden Firmenchefs, ob die Ernte die hohen Standards erfüllt. Auch nach der Röstung testen Vater und Sohn Naber noch einmal die Ware. „Erst, wenn wir beide die jeweilige Mischung in

Duft, Farbe und Aroma blind erkennen und gutheißen, verlässt der Kaffee die Röstphase als unser Kaffee", schildert Ernst Naber Junior. Manche Naber Cuvées bestehen aus vier bis fünf verschiedenen Sorten, die manchmal aus ebenso vielen verschiedenen Ländern kommen. Gemischt wird vor dem Röstvorgang, da sich die verschiedenen Aromastoffe während dem Rösten leichter entfalten und vermischen können. Jedes Land hat seinen charakteristischen Kaffee, jener aus Sierra Leone belebt durch seine fruchtige, angenehm leichte Säure, während Guatemala äußerst feine und sanfte Sorten liefert. Beim Rösten geht mit dem Wasser und dem Gewicht auch Säure verloren, je dunkler geröstet wird, desto kräftiger schmeckt der Kaffee. „Es bedarf also sehr viel Erfahrung und Fingerspitzengefühl, um seine Aroma- und Duftstoffe hervorzuholen." Etwa 600 verschiedene Geschmacksnoten kann der Genießer im Kaffee finden, von schokoladig bis nussig, von herb-süßlich bis karamellig. Ausschließlich die exklusiven Arabica Bohnen verarbeitet „Naber" zu seinen bekannten und beliebten Kompositionen. Die Mischung Espresso 22 zeichnet sich durch eine leicht fruchtige Note aus und ist der Wiener Kaffeehaus-Klassiker. Mild und elegant wird er sowohl als „Kleiner Brauner", wie auch als „Großer Schwarzer" und in den zahlreichen köstlichen Variationen vom „Einspänner" bis zum „Maria Theresia" gebraut. Wer es intensiver liebt, wählt Nummer 23 für die Zubereitung als Espresso. Diese Mischung ergibt das volle Aroma, hat die Intensität, die man von den italienischen Kurzen erwartet, ohne jedoch den Magen zu belasten. Mild und herzlich wird Espresso 24 für anspruchsvolle Coffeinaderos bereitet und der 25-er bietet ein cremiges, aber durchaus kräftiges Geschmackserlebnis. Oro Verde ist eine Komposition aus zentral- und südamerikanischen Bohnen aus zertifiziert biologischem Anbau. „Marco Salvatori", die neue, italienische Linie aus dem Hause „Naber Kaffee" besticht mit köstlichen Espressomischungen aus 100 % Arabica Bohnen, gehaltvoll und kräftig oder cremig und elegant. „Marco Salvatori Nr. 2" eignet sich besonders gut für Cappuccino und Caffé Latte.

En detail wird in drei Filialgeschäften im Zentrum Wiens verkauft. So bleiben diese köstlichen Mischungen also bislang hauptsächlich den Gastronomen vorbehalten. Dafür aber nicht nur österreichischen, sondern auch jenen in der Slowakei, in Tschechien, Polen und neuerdings sogar in China.

Ein Strauch. Dort, vor dem Fenster im Eingangsbereich, etwa mannshoch mit üppigen, saftigen Blättern, dunkelgrün, handtellergroß. Seine Stämme sind weit ausgebreitet, wie Arme, die zur Begrüßung geöffnet werden. Ernst Naber hat ihn großgezogen. Es sei gar nicht so mühsam, meint er. Man muss die Kaffeebohne sanft in die Erde stecken und sie anfangs häufig gießen. Dann wächst er schon, der Kaffee.

Naber Kaffee
Röstwerk und Shop
Autokaderstraße 104
A-1210 Wien
Telefon 00 43 (0) 1 / 2 78 34 03
Telefax 00 43 (0) 1 / 2 70 71 56
www.naber-kaffee.com

café Sperl Mariahilf

Das „Sperl" ist viel mehr als ein „Café", es ist sogar mehr als ein Kaffeehaus. Das „Sperl" ist ein „Wiener Kaffeehaus" und demnach eine Institution, die einem Lebensstil Raum gibt, den hier schon vor weit über hundert Jahren die Boheme Seite an Seite mit Generälen, Hocharistokraten und Revolutionären zelebrierten.

Derart ungewöhnlich war die Mischung des Publikums vor allem bis zum Zweiten Weltkrieg, denn da saßen hier die Sezessionisten um Kolo Moser und Josef Hoffmann neben Generalstabschef Conrad von Hötzendorf und die Erzherzöge des Kaiserhauses neben den Operettenstars Lehár, Kálmán und Millöcker. Bis heute schwärmt man von dem harmonischen Nebeneinander dieser so unterschiedlichen politischen und lebensphilosophischen Welten. War einmal Ebbe in der einen oder anderen Künstlerkasse, wurden häufig auch Skizzen auf Packpapier als Zahlungsmittel akzeptiert, die heute zum Kunstschatz der ehrwürdigen Albertina zählen.

Als Gast fühlt man sich den Trägern der großen Namen auf geheimnisvolle Art verbunden, fast so, als teilte man ein zweites Wohnzimmer mit ihnen. Das im Originalzustand der Gründerzeit erhaltene und mit originalgetreu nachgearbeiteten Backhausen-Bezügen ausgestattete Wiener Kaffeehaus lebt aber noch von anderen Größen, wie etwa dem oft gesuchten Wiener Charme. „Sigmund Freud saß immer dort drüben", schmunzelt Juniorchef Rainer Staub, „mein Vater sagt, er zog die Loge manchmal der Couch vor."

Nach wie vor trifft sich ein Teil der heimischen Künstlerelite gerne im denkmalgeschützten Ambiente, und das nicht nur bei kulturellen Veranstaltungen, bei Lesungen oder Vernissagen. Die Literaten Robert Menasse und Michael Köhlmeier etwa, finden hier fast täglich manche Inspiration, vielleicht, wenn sie eine der internationalen Tageszeitungen studieren oder Kaffeespezialitäten wie den „Maria Theresia" genießen. Dieser kaiserliche Einspänner hat Orangenlikör, Schlag und bunte Zuckerstreusel im Gepäck.

Die Mehlspeisköchin des Hauses hält sich natürlich an österreichische Originalrezepte, wenn sie den Salzburger Topfenkuchen rührt, den Apfelstrudel zieht, den Mohnkuchen bäckt oder die Sperlschnitte schichtet. Nur die Sperltorte, eine Schoko-Mandelcreme-Komposition, wird aus logistischen Gründen außer Haus gefertigt und in die ganze Welt versandt. Bis spät nachts kann man warme Gerichte bestellen und wer ein Fest oder eine Konferenz für bis zu 100 Personen plant, kann die Räumlichkeiten auch mieten. Im Sommer steht den Gästen ein Schanigarten zur Verfügung.

Es ist ein Zauber um das „Sperl", der Schranken niederreißt – soziale, gesellschaftliche, weltanschauliche und sogar die der Zeit.

Das mag daran liegen, dass die Patina nicht um ihrer selbst oder der Dekoration willen erhalten wurde, sondern aufgrund des gelebten Respekts vor der Tradition. Vielleicht liegt es ja auch an dem sorgsamen Umgang mit der Gegenwart, in der es eigentlich nur Stammgäste gibt, denn sogar Touristen kommen immer wieder hierher zurück.

Es mag auch an der Zukunft liegen, die – in den Händen des umsichtigen Juniors – schon ein wenig durch die prächtige Stuckdecke schimmert. Das Alte soll, von modernen Standards in den Bereichen der Hygiene und Bequemlichkeit ergänzt, auch in Zukunft erhalten bleiben. „Ich möchte das Wiener Kaffeehaus in traditioneller Weise erhalten, vielleicht noch ein bisschen mehr zum Blühen bringen", sagt Rainer Staub. „Vor allem aber möchte ich ihm die Schwermut nehmen. Das Kaffeehaus soll ein Ort der Freude und Heiterkeit sein."

Café Sperl
Manfred Staub
Gumpendorfer Straße 11
A-1060 Wien
Telefon 00 43 (0) 1 / 5 86 41 58
www.cafesperl.at

Schokov Neubau

„‚Schokov' ist: die ganze Welt der Schokolade, verpackt in einem Laden", so beschreibt Thomas „tomkov" Kovazh, bis 2006 Werbetexter, seinen süßen Laden am Spittelberg im siebenten Bezirk – und verspricht nicht zu viel. In nicht einmal einem Jahr schaffte er es in die „Best of Vienna"-Liste der Stadtzeitung „Falter" und unter die „Kurier" Top 5 der österreichischen Schokoladengeschäfte. Mehr als 200 Schokoladen und Kakaoprodukte aus 15 Ländern stehen in den elegant-schlichten Regalen. Hier ist die Schokolade der Star, kaum etwas, das von der Speise der aztekischen Götter ablenkt.

Einer dieser Stars hört auf den Namen „Black" und ist eine 70-prozentige Schokoladenverlockung von „Amedei" aus Italien, eine von tomkovs persönlichen Favoriten.

Spanien, Frankreich und Belgien liefern ihre klassischen und manch ungewöhnliche Variationen auf den Spittelberg, und Venezuela die Rarität aus Chuao, eine 100-prozentige Criollo-Schokolade. Kakao in seiner reinsten Form.

Dänemark erzeugt die „Rembrandt's" genannte Schokoladencreme aus der Tube, dazu originelles Werkzeug für ein Schokofondue, das als idealer Picknick-Begleiter gilt. Aus Deutschland kommen interessante Füllungen, zum Beispiel mit Bier- und Champagnercreme, außerdem zauberhafte Verpackungsideen. Auch England mischt den Markt gerne mit revolutionären Ideen auf. „Rococo Chocolates" aus London präsentiert ihre Lavendelvariationen oder Meersalzschokolade. Natürlich sind auch Österreichs Spitzenschmelzer prominent vertreten. Wie „Zotter", der Gigant aus der Steiermark, oder „Tiroler Edle", deren „Alpenkaramell" als Brotaufstrich oder Palatschinkenfüllung schmeckt und sich statt Honig in Tee oder Milch verrühren lässt. „Berger", „Bachhalm" und „Mayer" mit den handgeschöpften Köstlichkeiten lassen die Wahl zur Qual werden. Eine Qual, die das urbane Publikum gerne über sich ergehen lässt. Und so gehen neben Künstlern des nahe gelegenen Volkstheaters vor allem Architekten, Filmemacher, Fotografen, Modeschöpfer und Werbegrafiker hier ein und aus. Sie alle schätzen das puristische Design, die persönliche Beratung und die Atmosphäre. Auch den kleinen Gästen bietet „Schokov" etwas ganz Besonderes: einen separaten Kinderraum, in den sich der Nachwuchs zurückziehen kann, während Mama und Papa die Köstlichkeiten aus aller Welt verkosten.

Bei der Auswahl des Angebotes legen tomkov und seine Frau, Magister Raphaela, eine angehende Psychotherapeutin, besonderen Wert auf Fair Trade Produkte und haben eine Reihe biologischer Waren in den Regalen. Im „Schokov" können Genießer außerdem eine ganz außergewöhnliche Kombination ausprobieren: Schokolade und Wein. Reine Kakaobohnen zu halbtrockenem Weißwein geknabbert, ergibt ein geradezu sensationelles Geschmackserlebnis. Eines, das man auch bei privaten Schoko/Wein-Verkostungen genießen kann.

Wohl nicht nur zur Freude von Töchterchen Victoria gibt es sogar Schokoladennudeln, die sowohl als Fleischbeilage als auch als Süßspeise zubereitet werden können. In der kalten Jahreszeit wird heiße Schokolade frisch aufgetischt. Ingwer, Kardamom, Koriander, Chili sowie etwa 20 weitere Gewürze verfeinern das in manchen Variationen puddingdicke Getränk zur wunderbaren „Schoko to go". Und so endet tagtäglich die kleine, feine Reise durch die ganze Welt der Schokolade am Spittelberg mit einem leidenschaftlichen „Aaah", „Mmmh" und „Oooh".

Schokov
Thomas Kovazh
Siebensterngasse 20
A-1070 Wien
Telefon 00 43 (0) 6 80 / 3 00 08 60
www.schokov.com

Dekortorten-Konditorei Hanauer Liesing

Glück- und Segenswünsche für besondere Gelegenheiten gut zu verbacken, ist seit 1994 das Ziel des Teams um Konditormeister Klaus Hanauer. Der Firmenchef erlernte das Handwerk zuerst in der „Kurkonditorei Oberlaa" und danach in Häusern wie dem „Hilton" und dem „Marriott" in Wien, bevor es ihn in die Ferne zog. Über die Schweiz ging es nach Frankreich, dann nach Kanada, Hawaii, Florida, Ägypten bis er schließlich gar in Pakistan landete. Diese Erfahrungen gesammelt zu haben, empfindet der Konditormeister als großes Glück. „Bis heute arbeiten wir für eine internationale Klientel, weil wir viele 5-Sterne Hotels, renommierte Kaffeehäuser und einen der bekanntesten Partyservices mit Petit-Fours und anderen Süßspeisen beliefern." Große Firmen verteilen gerne mit Hanauers Sweet Logos® originelle Werbebotschaften in Törtchenform.

Unübertroffen ist die Auswahl an Dekortorten, welche die Konditoren hier kreieren und die sogar im Internet bestellt werden können. Da gibt es von der klassischen „Komm auf mein Schloss-Torte" mit einer prunkvollen Kutsche, die fünf Stockwerke zum weißen Schloss hinaufjagt, bis zum Tennisschläger wirklich alle Variationen. Jährlich wird eine der Kreationen zur Hochzeitstorte des Jahres gekürt, wie etwa „Kandierte Rosen" im Jahr 2002, mit den von Hanauer erfundenen echten Rosenblüten. „Harlekin" ist eine mehrstöckige Torte, die an die italienische Commedia dell'Arte erinnert, in bunten Farben gehalten, und mit Blüten und Perlen verziert ist. Die Auswahl hält für jeden die passende Dekortorte bereit und der Fantasie sind keine Grenzen gesetzt. Egal ob Flower-Power der Stil der Hochzeit sein soll oder pure Eleganz vorherrscht, mit den Sonnenblumen und den Gefrosteten Früchten in Herz- oder Tropfenform, mit minimalistischer Sugar Art oder märchenhafter 1001 Nacht krönt die Torte eine Hochzeit stilgerecht. Opulent verteilen sich altrosa Rosen auf der „Barock", während „Ein Gedicht" Liebesschwüre in Zuckerguss fasst. Auf die Qualität der Zutaten wird großen Wert gelegt, man kann aus vielen verschiedenen Geschmacksrichtungen wählen. Die „Mozarttorte", eine Spezialität des Hauses aus Schokoladen-Haselnussmasse, wird mit Pistazienmarzipan und Nougatcreme gefüllt. Punsch- oder Marmor-, Sacher- oder Nussmassen stehen ebenfalls zur Wahl. Der ideenreiche Chef ist gerade dabei, sich neues Terrain zu erobern. Als einer der wenigen Patissiers Österreichs produziert er hauseigene Schokolade, von der Bohne bis zur Tafel in außergewöhnlichen Geschmacksnoten wie Balsamico-Zwetschke, Blutorange-Koriander oder Erdbeere-Grüner Pfeffer. „Es ist mir wichtig, meinen Kunden Schokolade als Kulturgut nahe zu bringen. So wie wir über Wein sehr viel wissen, sollen in Zukunft die Wiener vermehrt die Möglichkeit haben, etwas über die Geheimnisse der köstlichen Bohnen zu erfahren, aus denen unsere liebste Nascherei besteht." In einer Art Schokoladenmuseum kann man im 23. Bezirk eine Erlebniswanderung durch die Welt der tropischen Frucht und ihrer Verarbeitung unternehmen. Man sollte sich die Gelegenheit nicht entgehen lassen, kann man doch dabei gleich auch viele der angebotenen Dekortorten in einem Hochzeitstortenparcours live bewundern. Ein Paradies für Naschkatzen, denen das Leben nicht süß genug sein kann.

Dekortorten-Konditorei
Klaus Hanauer
Ketzergasse 342
A-1230 Wien
Telefon 00 43 (0) 1 / 4 89 89 41
Telefax 00 43 (0) 1 / 4 86 98 18
www.torten.at

K. u. K. Hofzuckerbäcker Demel am Kohlmarkt

café Griensteidl Innere Stadt

Von einigen Stammgästen des alten „Griensteidl“ wird ja behauptet, sie hätten im Kaffeehaus gelebt und Stefan Zweig liefert in seinem Essay „Das Kaffeehaus als Bildungsstätte“ den Beweis, dass dies nicht nur so dahergesagt ist – konnte man doch in diesen „demokratischen Klubs“ sogar seine Post empfangen“. In den Salons im Erdgeschoss des damaligen „Palais Dietrichstein“ diskutierten in der zweiten Hälfte des 19. Jahrhunderts Geistesgrößen wie Karl Kraus, Theodor Herzl, Arthur Schnitzler, Stefan Zweig und Hugo von Hofmannsthal, während berühmte Burgschauspielerinnen Hof hielten. „Unsere Literatur sieht einer Periode der Obdachlosigkeit entgegen“, klagte Karl Kraus, als die Demolierkugel über dem Palais schwang. Damals hielten die „Marqueure“, wie die Kellner hießen, Papier und Schreibgerät für die Gäste bereit, welchen außerdem „Meyers Konversationslexikon“ zur Verfügung gestanden hatte, eine Tradition, die bis heute erhalten blieb. Zwar wich das ursprüngliche Gebäude einem prächtigen Palais, etwas von der alten Atmosphäre ist jedoch nach wie vor spürbar. Stammgäste wie Laufkundschaft profitieren davon ebenso wie Veranstalter von privaten Festen oder Konferenzen, die das Team um Gabriele Haslauer auf hohem Niveau unterstützt. Im Thonet-Ambiente erhalten hier Treffen jeder Art bei vorzüglicher Küche und hausgemachten Mehlspeisen den großgeistigen Touch. Individualisten sollten einen Geheimtipp beherzigen und in der warmen Jahreszeit einmal ein Sonntagsfrühstück im Schanigarten unter den roten Markisen einnehmen, möglichst schon um 8 Uhr, wenn die Stadt noch schläft, man Fiakerpferde über das Kopfsteinpflaster zu ihrem Standplatz trappeln hört und das Morgenlicht auf die Hofburg-Brunnen fällt. Auch das sind ja Denkmäler einer längst vergangenen Zeit. Wenn auch bei weitem nicht so lebendige wie das „Griensteidl“.

Café Griensteidl
Michaelerplatz 2
A-1010 Wien
Telefon 00 43 (0) 1 / 5 35 26 92
Telefax 00 43 (0) 1 / 5 35 26 92 14

Cuisinarum Innere Stadt

Zum perfekten Dinner mit Freunden fehlt nur noch die zündende Idee für diese eine Speise, die den Abend unvergesslich machen soll? Die Palatschinken bleiben dauernd kleben, egal ob der Teig dünn oder dick, und wie heiß das Fett ist? Seit Oktober 2006 ist das alles kein wirkliches Problem mehr. Beim Stephansplatz um's Eck ist das „Cuisinarum", ein außergewöhnliches Geschäft für Feines für Tisch und Küche, dort lade man an der Schauküche seine Fragen ab. Profikoch Haymo Salmutter weiß Rat und zeigt in dem Erlebnisgeschäft für Kochzubehör, Küchengeräte und Tischkultur gleich vor wie es geht. „Jede Jeans darf der Käufer vor dem Kauf anprobieren, bei Geräten erwartet man jedoch vom Kunden, sie blickdicht verpackt zu kaufen und aus dem Beipacktext schlau zu werden", erklärt Martin Blümner den innovativen Grundgedanken seines Konzeptes. Jede Woche widmet der Chef de Cuisinarum außerdem einem speziellen Thema, so kann der Kunde hier im wahrsten Sinne des Wortes „Work-Shoppen". Im Sommer geht es zum Beispiel ums Einkochen, um selbst gemachtes Eis oder Rohkost, im Winter dreht sich alles um Fondue, Keksbacken oder hausgemachte Pasta. Nicht nur die Geräte können getestet, sondern die Ergebnisse gleich auch verzehrt werden. Verkosten darf man auch in der Feinkostabteilung des „Cuisinarum", deren ausgefallenes Angebot ausschließlich von österreichischen Kleinproduzenten stammt. Wie zum Beispiel Dirndlzucker oder geröstete, dragierte Marillenkerne, olivengroße Kiwis aus dem Weinviertel, eingelegt oder als Likör, handgerührte Marmeladen, Fruchtsäfte und erlesene Weine. Alle der handverlesenen Qualitätsprodukte sind frei von künstlichen Zusatzstoffen. Für Vorschläge und Ideen ist Martin Blümner immer offen. „Unser Ohr ist nah beim Kunden, sowohl was das Angebot betrifft als auch die Gestaltung der Verkaufsräume. Obwohl unser Konzept, nach Themen zu sortieren statt nach Marken, bei den Erzeugern schwer durchzusetzen war." Blümners logische Struktur spart des Kunden Zeit und Nerven – Backen, Braten, Kochen, Dekor heißen hier die Regale, in denen sich nicht nur etwa alle Küchenwaagen auf einem Laufmeter befinden, sondern dazu passend gleich daneben Rührschüsseln, Teigschaber und Backbleche. Die sehr umfangreiche Schneidwarenabteilung lässt das Herz jedes Heimwerkers am Herd noch höher schlagen, so wie der Bereich Tischkultur Homedesigner zu Spontankäufen verführt. Wer in der Bücherabteilung stöbert, findet nicht nur spannende Kochbücher, sondern auch köstliche Küchenkrimis. Neben den unverzichtbaren Küchenklassikern finden herdnahe Gemüter in der Singerstraße auch Geräte, die sonst kaum erhältlich sind, wie Schinkenspanner, Schneckenzange oder die Liwanzenpfanne. Und die sind es, die ein perfektes Dinner unvergesslich machen können.

BÖHMISCHE DALKEN / LIWANZEN
(für 6 Personen)

Zutaten

4 Eier
ca. 300 ml Milch
240 g Mehl
1 EL Zucker
Powidl
Salz, Öl, Staubzucker

Zubereitung

Eier trennen, Eiklar zu Schnee schlagen. Vier Dotter in einem Topf gut verrühren. Circa 300 Milliliter Milch, das Mehl, Zucker und etwas Salz zu den Dottern geben. In den gut verrührten Teig den Eischnee unterheben. 15 Minuten lang an einem warmen Ort stehen lassen. In einer Liwanzenpfanne etwas Öl erhitzen, Teigmasse einfüllen und auf beiden Seiten backen. Je zwei gebackene Liwanzen mit Powidl bestreichen und mit Staubzucker bestreuen.

Cuisinarum
Deckenbacher & Blümner
Singerstraße 14
A-1010 Wien
Telefon 00 43 (0) 1 / 8 90 21 41
Telefax 00 43 (0) 1 / 8 90 21 41 15
www.cuisinarum.at

Josef Manner & Comp. AG Hernals

„Wie isst du sie?", fragt der sportliche junge Mann das Mädchen an seiner Seite „in Schichten oder im Ganzen?" Feine Krümel der knusprigen Waffel rieseln auf den Asphalt vor dem Manner Shop am Stephansplatz, als er von einer Neapolitaner Schnitte No. 239 beißt. Eine andere beliebte Variante, die Mannerschnitte, wie der Kosename lautet, zu genießen, besteht darin, die fünf hauchzarten Waffeln einzeln voneinander zu lösen und sie dann langsam im Mund schmelzen zu lassen. Dabei bleibt etwas von der Streichmasse zwischen den Waffeln haften, die aus Haselnüssen, Zucker, Kokosfett und Kakaopulver besteht. Ihr Erfinder war Josef Manner I., der 1890 die „Chocoladenfabrik" gründete, die bis heute zum größten Teil noch im Familienbesitz ist. „Chocolade für alle" lautete sein Ziel in einer Zeit, in der ein Kilogramm Schokolade zwei Tageslöhne eines Arbeiters kostete. Weltweit berühmt ist die Firma vor allem wegen dieser Schnitte mit der unverwechselbaren Farbe Rosa, dem blau-weißen Schriftzug und dem Stephansdom als Logo, doch werden inzwischen noch viele andere Köstlichkeiten in den Mannerwerken in Wien-Hernals, Perg und Wolkersdorf produziert. Karibische Träume etwa, mit den Schoko-Bananen oder den Rumkugeln, das sind Schokoladendragees mit einem zarten Kokos-Zuckerkern, in den einige Tropfen Rum gefüllt sind.
Sehr begehrt und auch voll im Trend ist die feine Manner-Chocolade mit 70 % Kakaoanteil, welche man Stück für Stück genießen kann. Aber auch zum Backen ist diese qualitativ hochwertige Schokolade vorzüglich geeignet.
„Wenn ich nur aufhören könnt!", seufzt der Genießer über dem Rascheln seiner Packung Dragee Keksi, während er sich eines Dauerbrenners österreichischer Keksbackkunst bedient, des halbmondförmigen, in dunkle, helle oder auch weiße Schokolade getunkten mürben Kekses aus erlesenen Rohstoffen. International noch bekannter sind aber bestimmt die Victor Schmidt Austria Mozartkugeln, die seit dem Jahr 2000 ebenfalls von der Firma „Manner" erzeugt werden. So finden sich also mittlerweile gleich mehrere der österreichischen Süßwarenikonen unter einem Dach. Der steirische Schriftsteller Peter Glaser nennt sie „austrolegendäre Sachen, maßgebliche Bausteine unseres nationalen Selbstwertgefühls." Ob der internationale Erfolg dieser Spezialitäten noch dadurch vergrößert wird, dass die meisten Originalrezepturen aus der Zeit der Monarchie stammen und fast unverändert beibehalten wurden? Der nationale Erfolg jedenfalls nicht. Der liegt wohl einzig daran, dass die Österreicher, ob im Gourmet-Luxusgeschäft oder beim Würstelstand, kaum sonst etwas finden, das ihnen so gut schmeckt.

PARISER SPITZEN

Zutaten
1/4 l Schlagobers
25 dag Manner-Chocolade 70 %
1 Becher Manner-Schokoladenglasur
1 Säckchen Manner-Schoko-Keksi

Zubereitung
Schlagobers erhitzen, klein geschnittene Manner-Chocolade dazugeben und kurz aufkochen. Abkühlen lassen, dann die kühlschrankkalte Creme nicht zu lange aufschlagen, sodass sie sich noch gut dressieren lässt. Kegelförmige Spitzen mit einem Dressiersack auf Manner-Schoko-Keksi formen und im Kühlschrank ganz fest werden lassen. Danach in gut kühle Manner-Schokoladenglasur – ohne Wasserzugabe – tauchen und auf Papier stellen. Im Kühlschrank fest werden lassen und in kleine Papierhülsen stellen.

Josef Manner & Comp. AG
Josef Manner
Wilhelminenstraße 6
A-1171 Wien
Telefon 00 43 (0) 1 / 48 82 20
Telefax 00 43 (0) 1 / 4 88 22 36 36
www.manner.com

Toni Kaiser Wiener Mehlspeisküche Donaustadt

Die Türken brachten ihn nach Wien, Maria Theresia machte ihn hoffähig und heute ist er eine weltbekannte Wiener Spezialität. Nein, die Rede ist nicht vom Kaffee, sondern vom Strudel, dessen Teig die Wienerinnen des 17. Jahrhunderts als Baklava kennen lernten. Bald kombinierten sie die hauchdünn ausgezogene Masse aus Mehl, Wasser und etwas Öl mit ihren eigenen Mischungen, schlugen die Ränder übereinander und erhielten die länglichen Barren, die sie Strudel nannten. Sein Geheimnis liegt im Teig, der so dünn ausgezogen werden muss, dass man eine darunterliegende Zeitung noch mühelos lesen kann. An welch fragilem Faden der Strudelteig hängt, stellte man fest, als man Ähnliches im Ausland versuchte. In fernen Landen zerriss den neuen Besitzern das feine Gespinst auf unerklärliche Weise und man ging der Sache auf den Grund. Es stellte sich heraus, dass das Wiener Wasser schuld am ungewöhnlich köstlichen Strudelteig ist, einzig seine Zusammensetzung erlaubt das Ziehen bis zur Durchsichtigkeit. In dem österreichischen Traditionsunternehmen „Toni Kaiser" kennt man diese und andere Extravaganzen der Mehlspeisen und fand Verfahren, sie ohne jegliche künstliche Zusatzstoffe oder Geschmacksverstärker im Tiefkühlregal anzubieten. Das spart eine Menge Arbeit und schmeckt doch wie zu Großmutters Zeiten. Aus besten heimischen Zutaten werden die klassischen Köstlichkeiten hergestellt, die auf zeitsparende Art ofenfrisch auf den Familientisch gebracht werden können. Der Kaiserschmarrn zum Beispiel, mit echter Vanille und Rosinen, oder die flaumigen Marillenknödel, deren sonnengereifte Früchte entkernt und mit einem Würfelzuckerstück gefüllt sind, die Wiener Buchteln mit Marillenmarmelade oder Gwuzelte Mohnnudeln, eine minutenschnell fertige Köstlichkeit.

Toni Kaisers Erfolgsgeschichte begann mit den Wiener Germknödeln mit Powidelfüllung, Mohnzuckerstreu und zerlassener Butter. Es sind riesige, weiche Kuppeln, deren Zubereitung einiges Geschick und Geduld erfordert. Daher eroberte er in den 1970ern die heimischen und bald darauf auch internationalen Herdplatten im Sturm, als er sie tieffror und damit den ersten tiefgekühlten und vorgekochten Germknödel erfand. Damals produzierte Toni Kaiser im 19. Bezirk in der Barawitzkergasse und zog später in den 22. Wiener Gemeindebezirk. Die Marke stillt das ungebrochene Bedürfnis der Österreicher nach ihren geliebten warmen Mehlspeisen, die für sie weit mehr sind als nur ein Weg, satt zu werden. Mit Geborgenheit verbinden sie die nach gerösteten Bröseln, Zimt und heißen Äpfeln, nach warmem „Wandl-Topfen" und Vanille duftenden Spezialitäten laut einer Umfrage. Mit Wärme, Gemütlichkeit, Großmutters Liebe, mit Sonntag, Fest, Familie. Und mit großer Belohnung.

APFELSTRUDEL

Zutaten

Toni Kaiser Strudelteig-Blätter
800 g Äpfel
110 g Zucker mit Zimt vermischt
110 g Butterbrösel
100 g Rosinen
1/2 Zitrone
50 g Butter

Zubereitung

Fertige Toni Kaiser Strudelteig-Blätter doppelt auflegen, geschälte und in Scheiben geschnittene Äpfel mit Zitronensaft beträufeln und darauf verteilen. Butterbrösel, Zimtzucker sowie Rosinen darüberstreuen. Die Teigränder ein wenig einschlagen, Strudel einrollen und auf ein mit Backpapier ausgelegtes Blech legen. Mit flüssiger Butter bestreichen und bei 180 °C 30 Minuten lang backen.

Frisch & Frost
Puchgasse 5
A-1220 Wien
Telefon 00 43 (0) 29 52 / 2 33 50
Telefax 00 43 (0) 29 52 / 23 35 23
www.toni-kaiser.at

Döblinger Schokothek Döbling

Die Augen des Knirpses sind so groß und rund wie die feinen Johannisbeertrüffel hinter der gläsernen Vitrine. Aufmerksam folgen sie dem Bogen, den die silberne Zange der Verkäuferin, zwischen der ein sorgfältig ausgewähltes rotes Gummibärchen klemmt, zum Sackerl zieht. Einen Schlumpf noch. Und einen Frosch. Zufrieden mit dem Ergebnis stellt er sich auf die Zehenspitzen und streckt seine Hand hoch hinaus, um sein erstes Taschengeld auf die Geldschale zu legen. Als er die „Döblinger Schokothek" verlässt, hat er mehr gelernt, als nur, wie man Geschäfte abschließt.

Der Duft nach Vanille-Karamellen und Himbeerbonbons, nach Seidenzuckerl und knackigen Krachmandeln strömt aus Vorratsgläsern mit silberfarbenen Verschlüssen. Pariser Mandeln (ohne Schokolade) schimmern mit bunten Wiener Mandeln (mit!) um die Wette. Mandeln mit Sahne, in Kakao gewälzt, in Feuer gebrannt, als weiße Hochzeits- oder pastellfarbene Taufmandeln gesellen sich dazu. Wie im Märchenbuch zu Großmutters Zeiten kaufen Kunden jeden Alters hier ein, wo Lakritze in 30 verschiedenen süßen oder salzigen Sorten abgewogen wird. Auch Pralinen gibt es stückweise, mit Mengenrabatt für den Hausvorrat, oder wunderschön als besonderes Geschenk verpackt. Von Champagner, über Eierlikör, Rum oder Grand Marnier bis zu den fruchtigen Sorten mit Kokos, Himbeere oder Pfirsich reicht die Auswahl an diesen feinen handwerklich gefertigten Trüffeln. Bei den Schokoladen hält sich die „Döblinger Schokothek" an das einfache Prinzip „Nur vom Allerfeinsten". Hier kommen klassische wie auch die erfrischenden Kreationen moderner Österreichischer Chocolatiers zum Zug. Gefüllt von „Zotter", „Berger" und „Tiroler Edle", oder von „Bachhalm" mit kandierten Rosenblüten, Veilchen, Minzblättchen oder Pfefferkörnern bestreut. Die Franzosen sind mit dem ausgezeichneten Pralinensortiment von „Marquise de Sévigné" und mit den flüssigen Likörpralinen von „Abtey" präsent, die Italiener mit „Domori", der Kultschokolade von „Franzoni". Das vielfältige Angebot ist das Ergebnis langjähriger Erfahrung und persönlicher Verkostung bei kleinen Markenherstellern, es wird laufend auf die Kundenwünsche abgestimmt. Ausgefallene Spezialitäten wie die Likörkirschen am Stiel, Orangetten, Schichtnougat, Fruchtmarkgelee, kandierter Ingwer erfüllen höchste Qualitätsansprüche. Wer ein Geschenk für einen Fußballfan sucht, oder reizende Saisonartikel, vom Osterei über die prall gefüllte Schultüte bis zum Nikolo und den Tautropfen wird ebenso fündig. Wie hervorragend der Duft von Schokolade mit jenem von Tee harmoniert, lässt sich feststellen, wenn eine der großen „Ronnefeldt"-Teedosen geöffnet wird. Schwarztee-Kompositionen mit Vanille oder Toffee, Karamell, Eierlikör, Marzipan oder gar Schokoladenaroma erfreuen Connaisseurs. Für den Gesundheitsbewussten gibt es eine breite Auswahl an Grünen-, Weißen- und Kräutertees. Rotbusch als Durstlöscher sowie Früchtetees runden das Angebot ab. „Eine Symbiose von Schokolade, Süßwaren und Tee", so heißt es im Motto der „Döblinger Schokothek", „einzig der Qualität und dem Geschmack verpflichtet." Daher verlassen so manche treue Kunden dieses Geschäft nur, um ganz schnell zurück zu kommen. Sie wissen längst, was der wählerische Froschkönig gerade gelernt hat: Luxus hat auch im kleinsten Geldbeutel Platz.

Döblinger Schokothek
Kamper Handels Ges.m.b.H.
Döblinger Hauptstraße 66
A-1190 Wien
Telefon 00 43 (0) 1 / 3 68 49 88
www.doeblingerschokothek.at

Restaurant Himmelsstube Innere Stadt

Der Name ist pure Poesie, und so findet er sich auch in „Die Menagerie der Götter", einem Gedicht aus dem 18. Jahrhundert von Gottfried August Bürger. Darin wird in der „Himmelsstube" den Göttern serviert, gerade so wie hier über den Dächern Wiens den Menschen. Vor allem jenen mit Sinn für Romantik und dem Hang zum Altbewährten in der Kultur der Gastlichkeit. Eigentümer des Restaurants im Herzen der Stadt mit dem einzigartigen Blick über die Innere Stadt bis zu den Hügeln des Wienerwaldes, ist die traditionsreiche Wiener Hotelierfamilie Schick, die heute mehrere 4-Sterne Hotels betreibt, in denen es zum Beispiel noch Lohndiener für die Koffer gibt. Auch das „Hotel Am Parkring" nahe dem Stadtpark, in dem sich die „Himmelsstube" befindet, ist für die persönliche Betreuung berühmt. Natürlich hat das Restaurant in der 12. Etage es sich ebenfalls zum Ziel gemacht, seinen Wiener und internationalen Gästen ein unvergessliches, ganz persönliches lukullisches Erlebnis zu bieten. Mit dem Himmlischen Astro-Menü verwöhnt Küchenchef Johannes Reiser nach den Vorlieben der Sternzeichen, als originelle Beigabe gibt es dazu ein Buch über das aktuelle Sternzeichen für die Geburtstagskinder. Beim 4-gängigen Romantik-Dinner mit Kerzenschein, Aperitif und einer roten Rose als Aufmerksamkeit, schweben Verliebte mit Blick über das nächtliche Wien im siebenten Himmel. Glücksmomente der besonderen Art beschert Dinner & Casino, ein 4-gängiges Gourmet-Menü, in dem außer einem Glas Sekt im Casino und Parolijetons auch das Startkapital für einen Besuch im Glücksspieltempel enthalten ist. In größerer Runde unter sich bleibt man im Salon Himmelsstube, in dem Veranstaltungen aller Art für bis zu 36 Personen zum unvergesslichen Erlebnis werden. Die Küche der „Himmelsstube" basiert zwar auf der traditionell österreichischen, wird jedoch kreativ und innovativ interpretiert. So entstehen auch süße Hausspezialitäten wie die Träumerei von der Schokolade, oder Kleiner Koch vom Guglhupf und Bailey's, der Palatschinkenreigen mit Walnuss- und Marillenfülle, die Böhmischen Liwanzen mit Rumpowidl oder der warme Topfenpudding mit Kürbiskernkrokant auf Erdbeerragout.

Wer nicht genug von diesem Blick bekommen kann, könnte sich und dem Partner einen himmlischen Hochzeitstag mit Menü und einer anschließenden romantischen Nacht im „Best Western Premier Hotel am Parking" bescheren. Dessen Zimmer warten nämlich allesamt mit dem grandiosen Panorama auf. So genießt man Wien auf höchstem Niveau.

GEBACKENE MARILLENKNÖDEL AUF SABAYON VON ZITRONENMELISSE

Zutaten

300 g gewürfelte Marillen, trocken
120 g entrindetes gewürfeltes Weißbrot (Toast)
50 g Kristallzucker
50 g Butter
2 Eier
1 Dotter
1 EL Rum
Zimt, Prise Salz, Vanillezucker
geriebene Schale von 1 Orange
50 g geriebene Haselnüsse zum Binden
gehobelte geschälte Mandeln

für das Sabayon von Zitronenmelisse:

3 Dotter
100 g Kristallzucker
1/8 l Weißwein
gehackte Blätter von Zitronenmelisse

Zubereitung

Weißbrotwürfel in Butter hell rösten, erkalten lassen, Marillenwürfel dazugeben. Eier mit den restlichen Zutaten verschlagen, kalt stellen. Mit den Nüssen binden, kleine Knöderl formen, in Mandeln wälzen, in heißem Fett goldgelb backen.

Für das Sabayon Dotter mit Weißwein und Zucker cremig über Dampf aufschlagen, Zitronenmelisse beigeben, anrichten.

Restaurant Himmelsstube
im Best Western Premier Hotel am Parkring
Dr. Martin Schick
Parkring 12
A-1010 Wien
Telefon 00 43 (0) 1 / 51 48 00
Telefax 00 43 (0) 1 / 51 48 04 27
www.himmelsstube.at

Kulinarische Empfehlungen

Beim Novak 47
Richtergasse 12
A-1070 Wien
Telefon 00 43 (0) 1 / 5 23 32 44
novak-speisehaus@aon.at
www.novak-speisehaus.at

Blühendes Konfekt 60
Schmalzhofgasse 19
A-1060 Wien
Telefon 00 43 (0) 6 99 / 11 12 79 67
aroma@bluehendes-konfekt.com
www.bluehendes-konfekt.com

Chocolaterie Pâtisserie au marché 29
Kettenbrückengasse 20
A-1010 Wien
Telefon 00 43 (0) 6 64 / 1 43 22 43
office@fruth.at
www.fruth.at

Confiserie de Luxe Altmann & Kühne 36
Graben 30
A-1010 Wien
Telefon 00 43 (0) 1 / 5 33 09 27
Telefax 00 43 (0) 1 / 2 16 54 02
ak@feinspitz.com
www.feinspitz.com

Cuisinarum 108
Singerstraße 14
A-1010 Wien
Telefon 00 43 (0) 1 / 8 90 21 41
Telefax 00 43 (0) 1 / 8 90 21 41 15
office@cuisinarum.at
www.cuisinarum.at

Dekortorten-Konditorei Klaus Hanauer 104
Ketzergasse 342
A-1230 Wien
Telefon 00 43 (0) 1 / 4 89 89 41
Telefax 00 43 (0) 1 / 4 86 98 18
dekor@torten.at
www.torten.at

K. u. K. Hofzuckerbäcker 38
Ch. Demel's Söhne GmbH
Kohlmarkt 14
A-1010 Wien
Telefon 00 43 (0) 1 / 53 51 71 70
Telefax 00 43 (0) 1 / 5 35 17 17 26
wien@demel.at
www.demel.at

Döblinger Schokothek 114
Döblinger Hauptstraße 66
A-1190 Wien
Telefon 00 43 (0) 1 / 3 68 49 88
kontakt@doeblingerschokothek.at
www.doeblingerschokothek.at

Café Dommayer 74
Kurkonditorei Oberlaa
Auhofstraße 2
A-1130 Wien
Telefon 00 43 (0) 1 / 8 77 54 65
Telefax 00 43 (0) 1 / 8 77 54 65 20
Dommayer@Oberlaa-Wien.at
www.dommayer.at

Café Drechsler 43
Linke Wienzeile 22
A-1060 Wien
Telefon 00 43 (0) 1 / 5 81 20 44
office@cafedrechsler.at
www.cafedrechsler.at

Frisch & Frost 112
Puchgasse 5
A-1220 Wien
Telefon 00 43 (0) 29 52 / 2 33 50
Telefax 00 43 (0) 29 52 / 23 35 23
office@frisch-frost.at
www.toni-kaiser.at

Gasthaus Futterboden 86
Flachgasse 5
A-1140 Wien
Telefon 00 43 (0) 1 / 9 24 19 42
Telefax 00 43 (0) 1 / 25 33 03 35 51
buero@futterboden.at
www.futterboden.at

Gerstner K. u. K Hofzuckerbäcker 54
Kärntner Straße 11–15
A-1010 Wien
Telefon 00 43 (0) 1 / 5 12 49 63
Telefax 00 43 (0) 1 / 5 12 49 63 44
konditorei@Gerstner.at
www.Gerstner.at

Café Gloriette 68
Betriebs GmbH
Schlosspark Schönbrunn
A-1130 Wien
Telefon 00 43 (0) 1 / 8 79 13 11
Telefax 00 43 (0) 1 / 9 79 13 11 11
office@gloriette-cafe.at
www.gloriette-cafe.at

Grand Cru 66
Kaffee – Tee & Mehr
Kaiserstraße 67
A-1070 Wien
Telefon 00 43 (0) 1 / 5 24 13 10
Telefax 00 43 (0) 1 / 5 24 07 92
office@grandcru.at
www.grandcru.at

Café Griensteidl 107
Michaelerplatz 2
A-1010 Wien
Telefon 00 43 (0) 1 / 5 35 26 92
Telefax 00 43 (0) 1 / 5 35 26 92 14

Hermesvilla 28
Lainzer Tiergarten
A-1130 Wien
Telefon 00 43 (0) 1 / 8 04 13 23
Telefax 00 43 (0) 1 / 8 04 13 23
office@hermesvilla.at
www.hermesvilla.at

Restaurant Himmelsstube 116
im Best Western Premier Hotel
am Parkring
Parkring 12
A-1010 Wien
Telefon 00 43 (0) 1 / 51 48 00
Telefax 00 43 (0) 1 / 51 48 04 27
parkring@schick-hotels.com
www.himmelsstube.at

Kaffee Konditorei Hübler 82
Lorenz Bayerplatz 19
A-1170 Wien
Telefon 00 43 (0) 1 / 4 86 46 40
Telefax 00 43 (0) 1 / 4 89 23 20
office@huebler-wien.info
www.huebler-wien.info

Original Karlsbader Oblaten O. Sacher 58
Rechte Wienzeile 25–27
A-1040 Wien
Telefon 00 43 (0) 1 / 5 86 67 84
Mobil 00 43 (0) 6 64 / 5 33 98 33
office@karlsbader-oblaten.at
www.karlsbader-oblaten.at

Café Restaurant Korb 30
Brandstätte 9
A-1010 Wien
Telefon 00 43 (0) 1 / 5 33 72 15
Telefax 00 43 (0) 1 / 5 13 18 94
suewidl@aon.at
www.cafekorb.at

Josef Manner & Comp. AG 110
Wilhelminenstraße 6
A-1171 Wien
Telefon 00 43 (0) 1 / 48 82 20
Telefax 00 43 (0) 1 / 4 88 22 36 36
j.manner@manner.com
www.manner.com

Marzipanina 22
Rosenackerstraße 12/R1
A-1160 Wien
Telefon 00 43 (0) 1 / 9 47 67 80
Mobil 00 43 (0) 6 99 / 11 10 39 27

Meierei im Prater 90
Prater Hauptallee 3
A-1020 Wien
Telefon 00 43 (0) 1 / 7 28 02 66
Telefax 00 43 (0) 1 / 7 26 95 51
office@meierei.at
www.meierei.at

Mocca Club Kaffeespezialitäten & KostBar 56
Gastronomiebetriebs GesmbH & CoKEG
Linke Wienzeile 4
A-1060 Wien
Telefon 00 43 (0) 1 / 5 87 00 87
coffee@moccaclub.com
www.moccaclub.com

Café Museum 40
Operngasse 7
A-1010 Wien
Telefon 00 43 (0) 1 / 5 86 52 02
Telefax 00 43 (0) 1 / 5 86 52 02
cafe.museum@vivat.at
www.cafe-museum.at

Naber Kaffee 96
Röstwerk und Shop
Autokaderstraße 104
A-1210 Wien
Telefon 00 43 (0) 1 / 2 78 34 03
Telefax 00 43 (0) 1 / 2 70 71 56
office@naber-kaffee.com
www.naber-kaffee.com

Wiedner Hauptstraße 40
A-1040 Wien
Telefon 00 43 (0) 1 / 5 87 43 46

Wipplingerstraße 25
A-1010 Wien
Telefon 00 43 (0) 1 / 5 33 03 43

Oberlaa Konditorei GmbH & Co KG 76
Seilergasse 15
A-1010 Wien
Telefon 00 43 (0) 1 / 51 21 72 00
Telefax 00 43 (0) 1 / 5 12 17 20 60
Kurkonditorei@Oberlaa-Wien.at
www.oberlaa-wien.at

Neuer Markt 16
A-1010 Wien
Telefon 00 43 (0) 1 / 5 13 29 36

Babenbergerstraße 7
A-1010 Wien
Telefon 00 43 (0) 1 / 5 86 72 82

Landstraßer Hauptstraße 1
A-1030 Wien
Telefon 00 43 (0) 1 / 7 15 27 40

Naschmarkt 175
A-1040 Wien
Telefon 00 43 (0) 1 / 5 87 46 33

Kurbadstraße 12
A-1100 Wien
Telefon 00 43 (0) 1 / 6 80 09-95 00

Währinger Straße 108
A-1180 Wien
Telefon 00 43 (0) 1 / 4 79 23 97

Auhofstraße 2
A-1130 Wien
Telefon 00 43 (0) 1 / 8 77 54 65

Café-Restaurant Palmenhaus 48
Burggarten
A-1010 Wien
Telefon 00 43 (0) 1 / 5 33 10 33
Telefax 00 43 (0) 1 / 5 33 10 33 10
office@palmenhaus.at
www.palmenhaus.at

Hotel Sacher 64
Philharmonikerstraße 4
A-1010 Wien
Telefon 00 43 (0) 1 / 51 45 60
Telefax 00 43 (0) 1 / 51 45 68 10
wien@sacher.com
www.sacher.com

Schokolade und Lebkuchen Manufaktur
Karl Kammerer KG 88
Dammstraße 39
A-1200 Wien
Telefon 00 43 (0) 1 / 3 30 75 33
Telefax 00 43 (0) 1 / 3 30 75 33 12
office@Wiener-Lebkuchen.at
www.Wiener-Lebkuchen.at

SchokoLadenWerkstatt 80
Ballgasse 4
A-1010 Wien
Telefon 00 43 (0) 1 / 5 13 39 31
Telefax 00 43 (0) 1 / 5 13 39 31
ullmann@schokoladenwerkstatt.at
www.schokoladenwerkstatt.at

Schokov 102
Siebensterngasse 20
A-1070 Wien
Telefon 00 43 (0) 6 80 / 3 00 08 60
info@schokov.com
www.schokov.com

Schuberts Köstlichkeiten Schauraum 87
Franzensgasse 23
A-1050 Wien
Telefon 00 43 (0) 1 / 5 87 38 38-0
Telefax 00 43 (0) 1 / 5 87 45 09
info@schuberts.at
www.schuberts.at

Café Sperl 100
Gumpendorfer Strasse 11
A-1060 Wien
Telefon 00 43 (0) 1 / 5 86 41 58
melange@cafesperl.at
www.cafesperl.at

Staud's 62
Hubergasse 3
A-1160 Wien
Telefon 00 43 (0) 1 / 4 06 88 05
Telefax 00 43 (0) 1 / 4 06 88 05 12
office@stauds.com
www.stauds.com

Wald & Wiese 85
Honig- und Trüffelspezialitäten
Kaiserstraße 33
A-1070 Wien
Telefon 00 43 (0) 1 / 52 35 37 40
office@ibz-bienenhof.at
www.waldundwiese.at

Waldland 24
Vermarktungsges.m.b.H.
Petersplatz 11
A-1010 Wien
Telefon 00 43 (0) 1 / 5 33 41 56
Telefax 00 43 (0) 1 / 5 33 41 56
hof@waldland.at
www.waldland.at
www.waldviertlergraumohn.at

Wiener Schokoladekönig 20
Freisingergasse 1
A-1010 Wien
Telefon 00 43 (0) 1 / 5 33 32 19
office@leschanz.at
www.leschanz.at

Xocolat / Schokoladenkontor 18
im Palais Ferstel
Freyung 2
A-1010 Wien
Telefon 00 43 (0) 1 / 5 35 43 63
Telefax 00 43 (0) 1 / 5 35 22 52 20
xocolat@xocolat.at
www.xocolat.at

Patisserie Zum Schwarzen Kameel 42
Bognergasse 5
A-1010 Wien
Telefon 00 43 (0) 1 / 5 33 81 25
Telefax 00 43 (0) 1 / 5 33 81 25 23
info@kameel.at
www.kameel.at

Confiserie Zum süßen Eck 46
Währinger Straße 65
A-1090 Wien
Telefon 00 43 (0) 1 / 4 02 79 74
Telefax 00 43 (0) 1 / 4 02 79 74
confiserie@suesseseck.at
www.suesseseck.at

Maroltingergasse 59
A-1160 Wien
Telefon 00 43 (0) 1 / 4 93 92 15
Telefax 00 43 (0) 1 / 4 93 92 15

Bruchschokolade, Chocolaterie Pâtisserie au marché

Rezeptverzeichnis

ISBN 978-3-86528-388-7
24,1 cm x 27,6 cm

ISBN 978-3-86528-389-4
24,1 cm x 27,6 cm

ISBN 978-3-86528-393-1
24,1 cm x 27,6 cm

ISBN 978-3-86528-363-4
24,1 cm x 27,6 cm

KULINARISCHE ENTDECKUNGSREISEN …

… DURCH DIE SCHÖNSTEN URLAUBSREGIONEN

ISBN 978-3-86528-383-2

ISBN 978-3-86528-402-0

ISBN 978-3-86528-368-9

ISBN 978-3-86528-370-2

ISBN 3-86528-375-5

ISBN 978-3-86528-373-3

ISBN 978-3-86528-376-4

ISBN 978-3-86528-382-5

ISBN 978-3-86528-336-8
24,1 cm x 27,6 cm

ISBN 3-86528-364-1

ISBN 978-3-86528-385-6
24,1 cm x 27,6 cm

ISBN 978-3-86528-401-3

IM FRÜHJAHR 2008 ERSCHEINEN ...

Antje Wohlers-Lichtenauer,
Hans Ulrich Gantenbein
Eine kulinarische Entdeckungsreise durch das Appenzeller Land
152 Seiten, 300 Farbfotos und 1 Karte
ISBN: 978-3-86528-365-8

Albertine Sprandel, Volker Miosga
Eine kulinarische Entdeckungsreise durch Bayerisch-Schwaben
128 Seiten, 300 Farbfotos und 1 Karte
ISBN: 978-3-86528-367-2

Magdalena Ringeling, Mechthild Schneider
Eine kulinarische Entdeckungsreise durch das Saarland
128 Seiten, 300 Farbfotos und 1 Karte
ISBN: 978-3-86528-379-5

Kurt Markaritzer, Paul-Julien Robert
Eine kulinarische Entdeckungsreise durch das Salzkammergut
232 Seiten, 400 Farbfotos und 1 Karte
ISBN: 978-3-86528-405-1

Ute Paul-Prößler, Thomas Knauer
Eine kulinarische Entdeckungsreise durch Thüringen
128 Seiten, 300 Farbfotos und 1 Karte
ISBN: 978-3-86528-403-7

Tosca Maria Kühn, Yves Hebinger
Trends und Lifestyle im Allgäu
144 Seiten, 300 Farbfotos und 1 Karte
24,1 x 27,6 cm
ISBN: 978-3-86528-406-8

Magdalena Ringeling,
Doris Böhm, Andreas Tauber
Trends und Lifestyle in Düsseldorf
ca. 240 Seiten, 400 Farbfotos und 1 Karte
24,1 x 27,6 cm
ISBN: 978-3-86528-410-5

Katrin Lipka, Max Nemo Mertens
Trends und Lifestyle in der Lübecker Bucht
152 Seiten, 300 Farbfotos und 1 Karte
24,1 x 27,6 cm
ISBN: 978-3-86528-407-5

Carmen und Thomas Nehm, Johann Scheibner
Trends und Lifestyle in Oberbayern – Der Südwesten
264 Seiten, 500 Farbilder und 1 Karte
24,1 x 27,6 cm
ISBN: 978-3-86528-396-2

Sabine Mirbach, Gabriele Bender
Trends und Lifestyle in Ostwestfalen-Lippe
128 Seiten, 300 Farbfotos und 1 Karte
24,1 x 27,6 cm
ISBN: 978-3-86528-399-3

Petra Wagner, Daniel Schvarcz
Trends und Lifestyle in Salzburg
ca. 200 Seiten, 400 Farbfotos und 1 Karte
24,1 x 27,6 cm
ISBN: 978-3-86528-415-0

Hanne Bahra, Johann Scheibner
Süßes Berlin
128 Seiten, 300 Farbbilder und 1 Karte
24,1 x 27,6 cm
ISBN: 978-3-86528-384-9

Lily Grynstock, Petra Schmidt, Vera Morgenbesser
Süßes Wien
128 Seiten, 300 Farbbilder und 1 Karte
24,1 x 27,6 cm
ISBN: 978-3-86528-400-6

* Sofern nicht anders angegeben, haben alle Titel ein Format von 24,1 cm x 30,6 cm.

Alle Titel erhalten Sie bei Ihrer örtlichen Buchhandlung. Für weitere Informationen über unsere Reihe wenden Sie sich direkt an den Verlag:

UMSCHAU

Neuer Umschau Buchverlag | Theodor-Körner-Straße 7 | D-67433 Neustadt/Weinstraße
Telefon + 49 (0) 63 21 / 877-852 | Telefax + 49 (0) 63 21 / 877-866
e-mail: info@umschau-buchverlag.de | www.umschau-buchverlag.de

Impressum

Herausgeberin
Katharina Többen, Neckargemünd

Texte
Lily Grynstock, Wien

Fotos
Petra Schmidt, Wien
www.diefotografin.at
Vera Morgenbesser, Wien
www.veramorgenbesser.com

Lektorat
Anja Otto, Neustadt/Weinstraße

Satz und Layout
DTP Team, Martinsried

Umschlaggestaltung
Werbeservice Tüshaus, Mario Moths

Reproduktionen
Repro Studio Fichtner, München

Karte
Thorsten Trantow, Kenzingen
www.trantow-atelier.de

Druck und Verarbeitung
NINO Druck GmbH, Neustadt/Weinstraße

Printed in Germany
ISBN: 978-3-86528-400-6

Die Ratschläge in diesem Buch sind vom Autor und dem Verlag sorgfältig erwogen und geprüft, dennoch kann eine Garantie nicht übernommen werden. Eine Haftung der Autoren und des Verlages für Personen-, Sach- und Vermögensschäden ist ausgeschlossen.
Die Rezepte sind üblicherweise für 4 Personen ausgerichtet.

Besuchen Sie uns im Internet
www.umschau-buchverlag.de

Umschlagfotografien:
Petra Schmidt, Wien
Vera Morgenbesser, Wien

Fotografien von Petra Schmidt:
S. 5–7, S. 10–29, S. 30 links, S. 31–35, S. 38–42, S. 44–53, S. 56–65, S. 68–84, S. 87–99, S. 104–106, S. 110–115, S. 118–125.

Fotografien von Vera Morgenbesser:
S. 30 rechts, S. 36/37, S.43, S. 54/55, S. 66/67, S. 85/86, S. 100–103, S. 107–109, S. 116/117.

Wir bedanken uns für die Erlaubnis zu den Tanzaufnahmen beim Tanzstudio Studio an der Wien (S. 70/71).

Für die freundliche Unterstützung bei den Recherchen zu moderner Malerei in Wien bedanken wir uns bei: M-ARS Der Kunstsupermarkt.

Wir bedanken uns für den freundlicherweise zur Verfügung gestellten Text bei: Hermesvilla (S. 28).

Zitate von Seite 30 entnommen aus:
Elfriede Jelinek: Huschhusch ins Korb, in: Petra Neumann (Hrsg.): Wien und seine Kaffeehäuser, München 1997.
Susanne Widl: Eine kleine Caféhausphilosophie, in: Petra Neumann (Hrsg.): Wien und seine Kaffeehäuser, München 1997.